Hartmut Holler

# Der Gebetswecker

Hartmut Holler

# Der Gebetswecker

Dr. Arne Elsens geniale Idee,
um ständig mit Gott in Kontakt zu bleiben

GLORYWORLD-MEDIEN

1. Auflage 2014

© 2014 Hartmut Holler

© 2014 GloryWorld-Medien, Bruchsal, Germany

Alle Rechte vorbehalten

Bibelzitate sind, falls nicht anders gekennzeichnet, der Elberfelder Bibel, Revidierte Fassung von 2005, entnommen.

Das Buch folgt den Regeln der Deutschen Rechtschreibreform. Die Bibelzitate wurden diesen Rechtschreibregeln angepasst.

Lektorat: Dr. Dorothea Bieneck / Manfred Mayer
Satz: Manfred Mayer
Umschlaggestaltung: Oliver Berlin, Medellin (Kolumbien), www.oliverberlin.biz
Druck: CPI books GmbH, Leck

Printed in Germany

ISBN: 978-3-936322-90-3

Bestellnummer: 359290

Erhältlich beim Verlag:

GloryWorld-Medien
Postfach 4170
D-76625 Bruchsal
Tel.: 07257-903396 (ab 15.02.15: 02801-9874200)
Fax: 07257-903398 (ab 15.02.15: 02801-9874201)
info@gloryworld.de
**www.gloryworld.de**

oder in jeder Buchhandlung

# INHALT

Vorwort von Dr. med. Arne Elsen ................................... 7

Einleitung .......................................................... 9

1 „Be healed!" .................................................... 11

2 „Liebst du mich?" ............................................... 15

3 Gläubig Werdende ............................................... 17

4 Der Besuch in der Praxis ......................................... 27

5 Centrum für Glauben, Gebet und Heilung ........................... 39

6 Wunder so nach zwei bis drei Tagen .............................. 49

7 „In Jesu Namen! Bauchschmerzen, ihr müsst jetzt gehen!" .. 53

8 Der Wecker in bester Gesellschaft ............................... 59

9 Der gehört doch auch zu dieser Sekte … ......................... 65

10 Durchhalten, und wie!? .......................................... 75

11 Wie setzt du den Wecker ein? .................................... 85

12 Ist die Idee vom Wecker eigentlich biblisch? ..................... 101

# VORWORT

von Dr. med. Arne Elsen

Als Hartmut Holler zum ersten Mal per E-Mail mit mir Kontakt aufnahm, hatten mich schon verschiedene Geschwister und Freunde darauf angesprochen, ob ich nicht ein Buch über meine Erfahrungen und Erlebnisse im Glauben schreiben wolle. Viele Menschen würden durch das, was der HERR in meinem Leben getan hat, ermutigt werden. Als uns Hartmut Holler und seine Frau Susanne besuchten, hatte ich im Gebet den Eindruck, dass dieses Buchprojekt von Gott gewollt ist, und daher konnte ich nichts Besseres tun, als den Autor zu unterstützen.

Beim Lesen des Manuskripts musste ich oftmals über seine sehr ehrlichen und zeitweise selbstironischen Schilderungen schmunzeln. Gerade die praktischen Erfahrungen, die er mit dem Wecker gemacht hat, sind sehr aufbauend und motivierend. Und vor allem: Die Bibel fordert uns auf, „allezeit" zu beten, zu danken und uns zu freuen (vgl. 1 Thess 5,16-18). Warum sollten wir dann etwas anderes machen? Eben!

Der Wecker, der Timer, die Erinnerungshilfe, die Peace-Uhr (wie mein Sohn, 5 Jahre alt, sagte) – danke Gott, dass DU mir diese Idee geschenkt hast, um „ohne Unterlass" dich anzubeten, zu loben und zu preisen. Danke, Herr, für die Zeichen und Wunder, für die Wohltaten, die ich erleben durfte und darf.

Hier möchte ich mich bei allen Geschwistern bedanken, die Hartmut Holler bereitwillig Zeugnis gegeben haben und so das Buch mitgestaltet haben.

Danke an meine Frau Anne und die Kinder sowie an meine Eltern. Ohne sie wäre das alles nicht möglich geworden.

*„... und, wie viele Krebskranke habt ihr heute schon geheilt? Wie vielen Aidskranken habt ihr heute schon die Hände aufgelegt?"* Dr. Arne Elsen macht eine Kunstpause und fügt schließlich hinzu: *„Es ist bereits zehn Uhr morgens."* Die Frage nach den Heilungen ist eher rhetorischer Art. Dr. Elsen ist sich dessen auch bewusst, weiß aber nur zu gut, dass solche Phänomene durchaus möglich sind. Denn im Diabeteszentrum Nord-Ost in Hamburg, wo er als Internist in einer Praxisgemeinschaft tätig ist, ist das keine Ausnahme. Es ereignen sich dort seit einiger Zeit Zeichen und Wunder, die in Deutschland, gelinde gesagt, eher selten sind.

*„Wir danken unserem Herrn Jesus Christus von ganzem Herzen für all das, was er hier tut. Wir haben erlebt, dass ein Schwerstalkoholiker binnen einer Woche ohne Entzugserscheinungen trocken wurde, Arm- oder Beinschienen wurden nach nur einem Gebet zurückgelassen und Krebsgeschwüre haben sich im wahrsten Sinne des Wortes in Luft aufgelöst",* fährt Dr. Arne Elsen fort.

Das sitzt. Im Saal wird es etwas unruhig. Nicht, weil die Zuhörer das Gesagte nicht glauben könnten. Es ist eher die Vielzahl und Wucht an Heilungen, die sie durcheinanderbringt.

Eine freikirchliche Gemeinde, wie man sie überall in Deutschland finden kann, hat von Dr. Elsens Dienst und Wirken gehört und ihn zu diesem Heilungsseminar eingeladen. Etwa hundert Gemeindemitglieder und ebenso viele Gäste füllen den geräumigen Saal. Vorweg gab's Lobpreis. Dann die Abkündigungen. Ausnahmsweise am Anfang. Bis dahin war alles wie gewohnt. Aber das, was wir jetzt zu hören bekommen, ist eher ungewöhnlich. „Es kommt nicht selten vor, dass ein Patient sofort beim Betreten der Praxis unter Tränen Jesus sein Leben gibt", berichtet Dr. Elsen. Und er erzählt weiter Dinge, die die meisten Zuhörer nur aus der Bibel kennen.

Unterdessen füllt sich der Raum mehr und mehr mit dem Heiligem Geist. Dadurch wird die Atmosphäre merklich gelöster. Viele Zuhörer tragen bereits jetzt schon ein gläubiges, gelöstes Lächeln auf ihrem Gesicht. Man spürt regelrecht, wie der Glaube, dass Gott auch noch heute heilen kann, den Raum füllt.

„Ich wollte mich nie niederlassen, wollte im Krankenhaus bleiben", erklärt Dr. Elsen seiner Zuhörerschaft und erzählt dann, wie alles anders kam.

# KAPITEL 1

# „Be healed!"

*„Es war für mich eine große Herausforderung", erklärt Dr. Elsen den sehr aufmerksamen Zuhörern. „Ich war damals sehr krank. Zehn Jahre ist das nun schon her. Eine beidseitige Stirnhöhlenentzündung hatte mich fest im Griff. Wochenlang plagte mich 40° C Fieber und mehr. Antibiotika und andere Medikamente haben leider nicht geholfen, und die Krankheit zu Hause auskurieren, wollte und konnte ich nicht, weil das damals im Krankenhaus sehr arbeitsintensiv war. Man konnte nicht immer krank machen. Wie es einem ging, das war nicht immer ganz so wichtig. Also blieb ich eine Woche zu Hause und eine Woche arbeitete ich. 80 Stunden und mehr. Das war damals so üblich als Assistenzarzt. Die Stirnhöhlenentzündung habe ich da so ein bisschen von mir weggeschoben.*

*Ein Ereignis hat mich dann aber doch noch zum Nachdenken gebracht. Ein Kollege ist bei der Arbeit in der Intensivstation zusammengebrochen und kurz darauf gestorben. Mit 34 Jahren. Er litt auch an einer Art Stirnhöhlenentzündung. Erreger sind direkt auf die Hirnhaut übergegangen. Auch er wollte sich nicht schonen. Das war für alle ganz erschreckend. Die sagten dann: ,Ja, die Ärzte, die sollen mal nicht so viel arbeiten. Die sollen, wenn sie krank sind, auch mal ein bisschen frei machen und so. Sich mal hinlegen* und sich erholen.' Die ganze Klinik stand unter Schock. Ich auch, weil der Kollege mich doch sehr an meine Krankheit erinnerte.

Zu diesem Zeitpunkt war ich noch nicht gläubig. Ich kam eher so aus der esoterischen Schiene. Also nach Indien fliegen und stundenlang meditieren und die ganzen Übungen machen, die man so machen kann, um irgendwelche Energieflüsse ins Gleichgewicht zu bringen. Und was sonst nicht noch alles. Aber dadurch ist mein Leben auch nicht gerade besser geworden. Deshalb betrieb ich das nun seit eineinhalb Jahren nicht mehr.

‚Nach drei Monaten müsste man die Stirnhöhlen mal operativ sanieren', meinte mein HNO. Aber das wollte ich nicht, weil ich das schon einmal selber gemacht hatte. Allerdings von der anderen Seite des Tisches. Deshalb war ich da nicht besonders heiß drauf. Ich stand also etwas mit dem Rücken zur Wand.

Ich habe mit einer Bekannten darüber gesprochen und die sagte mir dann: ‚Es gibt christliche Gemeinden, die für Kranke beten. Vielleicht wäre das ja was für dich. Also ich kenne da auch nicht so viele Gemeinden, die sowas machen, aber von einer weiß ich. Die ist in Kiel.' Das war, wie sich später herausgestellt hat, eine Pfingstgemeinde, die den Heilungsevangelisten Billy Smith eingeladen hatte. Und der hielt dort eine Woche lang Heilungsgottesdienste ab. ‚Da kannst du mal hingehen. Vielleicht hilft das ja.' Schaden wird's wohl nicht, dachte ich mir und bin mit meiner damaligen Freundin und jetzigen Frau hingefahren. Meine Eltern waren auch mit dabei. So interessehalber.

Da saßen wir nun in Stuhlreihen und waren ganz gespannt was kommen würde. Billy Smith erklärte den Gästen, dass das Thema des Abends Atemwegserkrankungen sein würde. Das hat uns dann doch sehr erstaunt. Wie wir später erfahren haben, lässt sich Billy Smith das abendliche Thema immer im Gebet zeigen. Nun sollten meine Sitznachbarn ihre Hand auf meine Schulter legen. Billy Smith hat dann sehr unspektakulär gebetet. In etwa so: ‚Lieber Herr, bitte mache sie nun gesund. Amen.' Gemerkt hatte ich nichts. Gefühlt auch nicht. Und erinnern kann ich mich eigentlich an gar nichts mehr. Auch nicht an die Predigt. Wir sind dann halt nach Hause gefahren.

*Am nächsten Morgen war ich gesund. Ich hatte kein Fieber mehr und der Druck in den Stirnhöhlen war auch weg. Alles war frei. Ich sagte zu meiner Frau: ‚Das ist ja sagenhaft. Einfach super.' Meine Frau und ich waren ganz von den Socken.*

*Ich litt noch unter Neurodermitis. Deshalb wollten wir wieder hinfahren, solange Billy Smith noch da war. Schon seit vielen Jahren hatte ich das schon. Ihr kennt das sicher. Die Haut ist rissig, juckt und brennt. Ständig dieses eincremen. Also sehr, sehr unangenehm. Folglich machten wir uns nochmals auf den Weg. Das Thema an diesem Abend war Hauterkrankungen! Der Saal war total überfüllt. Wir standen an der Eingangstür, weil wir keinen Platz bekommen hatten. Irgendwann sahen wir von Billy Smith eine Armbewegung verbunden mit den Worten: ‚Be healed!' Weiter war nichts.*

*Am nächsten Tag war meine Haut völlig gesund. Nichts juckte mehr. Wir waren fassungslos.*

*Ich wurde also geheilt. Ohne großes Aufsehen. Einfach so, und zwar sofort. Wir haben uns dann überlegt, dass es wohl etwas gibt, was wir wissen sollten. Als Arzt ist man ja ziemlich hilflos, wenn man einen Patienten hat, dem man irgendetwas verklickern soll und der dann mit hoffnungsvollen Blicken an einem hängenbleibt. Eigentlich müsste ich dann sagen, dass ich auch nichts machen kann. Aber man dreht sich dann immer ein bisschen und windet sich und versucht wenigstens irgendetwas zu sagen. Eine Kollegin von mir hat das mal so ausgedrückt: ‚Ja, wir haben jetzt eine signifikante Verbesserung in der Therapie beim Darmkrebs durch die neue Chemotherapie.' Ich habe dann gefragt: ‚Ja und?' ‚Nun, die bewirkt eine Verlängerung von bestimmt zwei Tagen.' Wow, dachte ich. Was für eine Signifikanz.*

*Bei mir war da noch eine Schilddrüsenüberfunktion. Und Billy Smith noch drei Tage da. Also, nichts wie hin. Er hat wenig Zeit, und ich auch, dachte ich. Darum sind wir etwas früher hingefahren, um ihn am Eingang abzupassen, wo er immer die Gäste begrüßt. Er sollte dann für mich beten. So was geht ja offensichtlich ganz schnell. Dann wollten wir wieder gehen und ihn auch nicht weiter stören.*

*Billy Smith war über unsere Vorgehensweise etwas erstaunt. So würde das nicht funktionieren. Er hat gegrinst und mich in den Arm genommen und gemeint, ich solle erst mal mit dem Rauchen aufhören. Wie er mich dann so im Arm hielt, hatte ich eine Vision. Ich sah mich vor vielen Hunderten und Tausenden Leuten über Gott sprechen. Ich erklärte, zu was Gott so alles in der Lage ist und dass er es auch wirklich macht. Das war wie so ein kleiner Flash.*

*Kurz und gut, Billy Smith hat am Eingang nicht für mich gebetet. Und das Thema des Abends war auch nicht ‚Schilddrüsen'. Weil wir aber schon mal da waren, sind wir noch beim Gottesdienst geblieben. Geheilt wurde ich aber nicht. Fand ich ziemlich doof damals. Aber es war halt so.*

*Meine Heilungen hatten uns natürlich extrem herausgefordert. Meine Frau war in der Alzheimerforschung an der Uniklinik in Eppendorf in der Psychiatrie tätig. Als Ärztin war sie natürlich auch sehr an diesen Heilungsphänomenen interessiert. Da ist man plötzlich gesund, wo man jahrelang krank war. Das hatten wir noch nie gehört und auch noch nie gesehen. Einfach so. Das kann man doch so nicht auf sich sitzen lassen. Dem muss man doch nachgehen. Als Arzt wäre es auf jeden Fall lohnenswert, dem nachzugehen, dachten wir, weil man dann tatsächlich was hätte, was man den Patienten anbieten könnte. Wir hätten es schon gerne, wenn es unseren Patienten besser gehen würde. Wenn sie geheilt würden. Vielleicht ja durch Gebet. Was, haben wir uns gefragt, ist die Grundlage für christliche Heilungen. Und in wie weit ist das dann umsetzbar und anwendbar. Wie funktionieren diese Heilungen? Deshalb mussten und wollten wir uns mit dem christlichen Glauben auseinandersetzen. Das war neu für uns."*

# KAPITEL 2

# „Liebst du mich?"

*„Um den christlichen Glauben und die damit verbundenen Hei-*
*lungen besser kennenzulernen, sind wir Billy Smith buchstäblich*
*nachgepilgert. Er hatte ja viele Veranstaltungen in ganz Deutsch-*
*land. Als er in unserer Nähe Heilungsgottesdienste abhielt, sind*
*wir jeden Abend hingefahren. Bei diesen Abenden fragte er dann*
*immer, ob man sein Leben Jesus übergeben wolle. Und irgend-*
*wann wussten wir: Jetzt ist es so weit, und haben unser Leben*
*Jesus Christus übergeben. Einige Zeit später, auch bei einem*
*Abendgottesdienst, sagte Billy Smith, dass alle Anwesenden die*
*Taufe im heiligen Geist erhalten würden. Und so war es dann*
*auch tatsächlich. Wir alle, es waren ungefähr 150 Besucher, darun-*
*ter auch meine Eltern, haben dann etwa zwei Stunden im Heiligen*
*Geist gebetet und gesungen.*

*Wir schlossen uns dann einer evangelisch/charismatischen Ge-*
*meinde hier in Hamburg an. Dort erfuhren wir, dass man sich tau-*
*fen lassen sollte. Billy Smith ist ja ebenfalls dieser Auffassung. Wir*
*haben dann gesagt: ‚Okay, wenn ihr meint, dass man sich als Er-*
*wachsener taufen lassen sollte, dann machen wir auch das.' Nach-*
*dem wir einen Alpha-Kurs und den Taufvorbereitungskurs absol-*
*viert hatten, ließen wir uns dann in der Elim-Gemeinde in Ham-*
*burg taufen. Meine Taufe war für mich ein sehr tiefgreifendes*

Erlebnis. Es war so: Als ich kurz unter Wasser war, hatte ich das Gefühl, als sei ich auf einen anderen Planeten versetzt worden, auf dem dann auch ganz andere Regeln galten. Und auch, dass es Diskussionen im Universum darüber gab, ob das jetzt überhaupt richtig ist, dass ich versetzt werde. Mir liefen die Tränen noch eine halbe Stunde nach meiner Wassertaufe. Ich hatte den Eindruck, dass Jesus mich fragt: ‚Liebst du mich so sehr?' Und ich sagte: ‚Ja.' Dann sagte er zu mir. ‚Alles, was du in meinem Namen tun wirst, werde ich segnen.'

Wir, also meine Frau Anne und ich, wurden nach unserer Taufe auch gleich Gemeindemitglieder.

Nach meiner Bekehrung und Taufe dachte ich: Vielleicht habe ich jetzt so einen Schalter, wo ich dann automatisch Gott preise und ihn anbete. Das wollte ich nämlich wirklich tun. Leider war das nicht so. Immer wenn ich beten wollte, kam dummerweise etwas dazwischen. Es war aber ein großes Verlangen in mir, Gott näher kennenzulernen und ihn an die erste Stelle zu setzen.

Leider habe ich sonntags häufig gearbeitet und konnte daher nicht in den Gottesdienst gehen. Da sagte ich zu mir: Ich will drei Monate lang ernsthaft versuchen, Gott an die erste Stelle zu setzen. Ich will, wie Billy Smith mir geraten hat, die sonntäglichen Gottesdienste besuchen. Am besten gleich zwei. Ich bin gespannt, ob sich dann nicht doch die Schrift erfüllt. Aber auch wenn es nur um drei Monate ging, musste ich mir einen neuen Job suchen. Und immerhin war ich seit zwölf Jahren in ungekündigter Stellung. Meine Karriere war klar vorgezeichnet. Man wird nach einigen Jahren im Krankenhaus Facharzt, später Oberarzt, vielleicht Chefarzt und Leiter einer Abteilung oder vielleicht sogar Leiter einer Klinik. Aber wenn ich die Gottesdienste besuchen wollte, musste ich kündigen und mich niederlassen, was ich aber nie wollte, weil niedergelassene Ärzte nicht so nah an der Forschung sind und dadurch einen fachlich schlechten Ruf in der Klinik haben. Für Gott habe ich es aber dann doch gemacht."

# Kapitel 3

# Gläubig Werdende

„Ich habe mich dann im deutschen Ärzteblatt und anderen Fach-zeitschriften umgesehen, welcher Kollege im Begriff war, seine Praxis zu verkaufen. Das passiert ab und zu, wenn ein Kollege sich zur Ruhe setzen will oder Entlastung oder Ähnliches sucht. Nach-dem ich mir etwa 25 Praxen angeschaut hatte, habe ich mich für die Praxis in Bramfeld entschieden. Als Nächstes kam die Finanzie-rung. Es musste also eine Bank gefunden werden, die das Ganze finanziert. Die fand sich auch, und ich saß da und habe das große Zittern bekommen, als es hieß, mehrere 100.000 Euro aufzuneh-men, während sich die Bänker übers Golfen unterhielten. ‚Macht nichts, unterschreibe ruhig', sagten die, und ich habe mich ge-fragt, ob ich da nicht doch ein bisschen zu weit gegangen bin. So bin ich also zu der Teilpraxis in Praxisgemeinschaft mit meinem Kollegen Dr. Mangels gekommen. Um hier nicht einen falschen Eindruck zu hinterlassen, sei gesagt, dass Gott nicht von mir ver-langt hat, eine Praxis zu übernehmen. Überhaupt nicht. Das war mehr so von mir. Ich wollte die Gottesdienste besuchen, okay, dazu musste ich meinen Job kündigen. Aber ich wollte auch un-bedingt die Prinzipien der christlichen Heilungen herausfinden. Das war für mich damals maßgebend.

Meine Frau und ich haben uns alle Bibelstellen, in denen von Heilung die Rede ist, immer wieder angeschaut. Zusätzlich besorgten wir uns noch biblische Sekundärliteratur. Also alles Mögliche, was es so gibt. Alles Mögliche, was sich mit christlicher Heilkunde, mit Gebet für Kranke, eben mit Heilung durch Gebet befasst. Und das ist viel. Da waren wir bestimmt eineinhalb Jahre beschäftigt. Wir haben praktisch jede freie Minute darangesetzt, um das zu verstehen. Je mehr wir aber im Wort Gottes gelesen haben, desto mehr Fragen kamen auf. Eine der ersten Bibelstellen die wir nicht einordnen konnten, war Johannes 14,12: ‚Wer an mich glaubt, der wird auch die Werke tun, die ich tue, und wird größere als diese tun, weil ich zum Vater gehe.' Unser erster Gedanke war: Das kann nicht sein. Diese Bibelstelle ist definitiv nicht wahr. Am besten wir machen die Bibel gleich wieder zu. Warum? Weil es so viele Menschen gibt, die behaupten gläubig zu sein, aber keiner von denen vollbringt dieselben Zeichen und Wunder wie Jesus. Da dachte ich: Sollten sich all die vielen Millionen Gläubigen irren? Vielleicht wissen die auch gar nicht, was Glauben ist? Vielleicht haben die ja nicht richtig reingeschaut in das Wort Gottes.

Ich habe mich schon gewundert, dass da steht: ‚Wer an mich glaubt', und habe mich gefragt, was das wohl heißen könnte. Wohl dass alle, die an ihn glauben, dieselben Zeichen und Wunder tun. Naja. So arg viele habe ich aber noch nicht gesehen. Das fand ich dann doch sehr seltsam.

Und dann kam schon der nächste Hammer. Johannes 15,5: ‚Wer in mir bleibt und ich in ihm, der bringt viel Frucht.' Da habe ich einmal einen lieben Bruder im Herrn gefragt: ‚Wie vielen Menschen hast du heute schon die Hände aufgelegt. Und wie viele sind dann gesund geworden?' Da wurde mir geantwortet: ‚Ja, das kann man so nicht sagen. Das muss man in größeren Zeiträumen sehen.' Da sagte ich: ‚Das sehe ich aber gar nicht so. Das sehe ich nämlich pro Tag und nicht pro Jahrzehnt.' Da habe ich gebetet: ‚Herr, die wissen also nicht genau, was Glauben ist. Vielleicht sind es ja dann Gläubig-Werdende.'

## Herr, sag' mir Bescheid

*Das Wort Gottes sagt weiter: ,Wir alle aber schauen mit aufge-
deckten Angesicht die Herrlichkeit des Herrn an und werden ver-
wandelt in dasselbe Bild von Herrlichkeit zu Herrlichkeit ...' (2 Kor
3,18) und: ,Trachtet aber zuerst nach dem Reich Gottes und nach
seiner Gerechtigkeit! Und dies alles wird euch hinzugefügt werden' (Mt 6,33). Da dachte ich, das ist genau das, was ich brauche.
Dies alles. Dies alles hört sich gut an. Einen Versuch ist es wert.*

*Was heißt es nun, Gottes Reich zu suchen; ihn an die erste Stelle
zu setzen? Wenn man da in der Bibel nachschlägt, stößt man auf
die Stelle ,Freut euch allezeit! Betet unablässig! Sagt in allem
Dank! Denn dies ist der Wille Gottes in Christus Jesus für euch'
(1 Thess 5,16-18). Denn dies ist der Wille Gottes! Ich sagte mir:
Mich allezeit freuen, das kann ich nicht. Mein Herz ist so hart. 17
Jahre habe ich nicht mehr gelacht. (Das war damals noch ein Re-
sultat meiner Esoterik-Phase.) Aber das mit dem Beten und Danken, das kann ich, und das mach' ich. Eine Woche lang, so habe ich
überlegt, will ich das versuchen. Ich wollte sehen, ob das andere
Resultate bringt, wenn man einfach mal das macht, was Gott sagt.*

*In der Gemeinde, die ich besuchte, habe ich nämlich gesehen,
dass die Christen, die ich kannte, nicht getan haben, was Gott
sagt. Also keiner freute sich allezeit, betete unablässig, und keiner
sagte in allem Dank. Betet allezeit wird ja bekanntlich übersetzt
mit: ,Betet dreimal täglich.' Aber vielleicht ist das ja gerade der
Punkt, warum das alles nicht so richtig funktioniert. Weil vielleicht
,allezeit' wirklich allezeit (1 Thess 5,16) heißt. Und nicht nur sinn-
gemäß, im übertragenen Sinn, als Herzenshaltung, symbolisch
oder sonst irgendwie. Vielleicht heißt ,allezeit' konkret allezeit.*

*Es war klar zu sehen, dass das keiner tat. Und ich dachte: Wenn
keiner tut, was Gott sagt, dann ist das möglicherweise das „Mis-
sing Link", das fehlende Bindeglied, warum auch keiner die Ergebnisse vorweisen kann. Zeichen und Wunder und noch Größeres
verheißt uns Jesus. Jesus sagt: ,Wer an mich glaubt und zu dem
Berg sagt: Hebe dich hinweg!, dann hebt er sich hinweg.' Und er
sagt, dass denen, die Gott lieben, alles zum Besten dienen muss*

und dass die, die ihn lieben, daran zu erkennen sind, dass sie tun, was er sagt. Und ich wusste, dass sie alle sagen, dass sie Jesus lieben, aber keiner tat, was er gesagt hat. Das war mir schon aufgefallen. Das war so eklatant, dass ich mir sagte: ‚So, jetzt mach ich mal eins, jetzt tu ich genau das, was du sagst, Gott, und dann will ich mal sehen, ob das nicht andere Ergebnisse nach sich zieht.'

Also habe ich mit Gott darüber geredet, was genau er unter ‚allezeit und unablässig' versteht. Mir wurde dann bald klar, dass er damit die Wachphasen meint. Dann habe ich mich sehr bemüht, tagsüber anhaltend zu beten und zu danken. So zwei, drei Tage lang habe ich es wirklich versucht. Leider vergebens. Ich musste feststellen, dass ich ständig vergessen habe zu beten. Dass ich ständig abgelenkt war. Wenn ich anfing zu beten, dann kam immer irgendetwas dazwischen. Ein Anruf da, eine Frage dort usw. Also von ‚allezeit beten' konnte da keine Rede sein. So sehr ich mich auch angestrengt habe, es hat nicht geklappt.

Da hab ich mir gesagt, wahrscheinlich bist du einfach ein bisschen doof und brauchst Nachhilfe bzw. Erinnerungshilfe. Da hab ich mir so einen Wecker geholt. Den kann man in die Hosentasche stecken oder ihn sich ans Hemd klemmen. Der läuft mit Batterie und piepst dann auf die eingestellte Zeit. Danach muss man ihn neu starten. Also eine ziemlich umständliche Sache. (Die heutigen Wecker starten nach dem Signal automatisch wieder von vorne, aber damals hatte ich noch das alte Modell.) Die ganze Zeit über beten, das überstieg im Moment noch mein Vorstellungsvermögen. Aber alle zehn Minuten kurz beten, das konnte ich mir vorstellen. Eine Woche lang wollte ich das so machen. Von morgens bis abends alle zehn Minuten den Herrn loben und ihm danken, jeweils so ca. 2 Minuten lang. Laut, wenn ich alleine war, und leise, wenn ich mit anderen zusammen war. Sehr wichtig dabei war mir die Herzenshaltung. Wichtig, den Herrn wirklich zu suchen, auch wenn es uns anstrengt. Auch dann, wenn uns manchmal die Worte fehlen bzw. wir uns ständig widerholen.

Mit dem Wecker als Erinnerungshilfe hat das dann auch ganz gut geklappt; so zu 50–70 % schätze ich.

*Zwei oder drei Tage später waren meine Frau und ich in Stade im Gottesdienst. (Den Wecker hatte ich natürlich dabei.) Plötzlich hörte ich eine Stimme von rechts, die sagte: ‚Spende 2000 Euro für die Pfingst-Europakonferenz in Berlin.' Neben mir war aber niemand, der das hätte sagen können. Da dachte ich bei mir: ‚Ich bin im Gottesdienst, da wird es wohl der Herr gewesen sein.' Vor allem aber war es eine Stimme, die keinen Widerspruch duldete. Diese Stimme war wirklich sehr bestimmend. Da sagte ich zum Herrn: ‚Ich dachte immer, du bist Liebe. Wie kannst du nur so autoritär sein?! Und im Übrigen sind 2000 Euro ein Monatsgehalt. Das spendet man nicht so mir nichts dir nichts. Aber wenn du meinst, wir können gerne nochmals darüber reden.' Hat er aber nicht. Es war eine klare Ansage. Am nächsten Morgen habe ich das Geld überwiesen. Was sollte ich denn auch sonst tun. Letztendlich wollte ich ja auch wissen, wie das so mit dem Herrn ist. Nach dem Motto: ‚Mal kucken, was passiert.' Und siehe da, ein bis zwei Tage später kam ein Anruf von dem Krankenhaus, in dem ich vorher gearbeitet habe. Die Person am anderen Ende erklärte mir, ich hätte vor zwei Jahren immer so viel Nacht- und Bereitschaftsdienste gemacht. Und ich hätte ja nie Geld dafür bekommen. Ich fragte ihn, was er damit meint. Er antwortete ungefähr so: ‚Wir haben die Überstunden aus dem Nacht- und Bereitschaftsdienst zusammengerechnet. Es sind zwischen 4000 und 5000 Euro. Wir würden sie Ihnen gerne nachträglich erstatten, wenn Sie das möchten.' Ich antwortete ihm: ‚Ja, das ist eine gute Idee. Gefällt mir ganz spontan, der Plan.' ‚Dann', so meinte er, ‚dann sollten Sie uns Ihre Kontonummer geben, damit wir das überweisen können.' Die hat er dann auch bekommen. Einen Tag später rief die Kassenärztliche Vereinigung an und meinte: ‚Ja, Herr Elsen, Sie machen ja diese Diabetesschulung. Aber die kriegen Sie ja noch nicht bezahlt, weil Sie noch nicht die Voraussetzung dafür haben. Aber wir haben gedacht, da Sie ja jetzt angefangen haben und sich die Regeln vor Kurzem geändert haben, wollen wir Ihnen die Schulungen doch bezahlen. Könnten Sie uns bitte Ihre Kontonummer mitteilen, dann würden wir Ihnen 25.000 Euro überweisen. Wäre Ihnen das recht?' Es war mir recht und es war die gleiche Kontonummer.*

Am nächsten Tag kam ein Pharma-Vertreter zu mir und sagte ,Ja, Herr Elsen, wir suchen hier in Hamburg noch ein Studienzentrum für Anwendungsbeobachtungen. Es handelt sich hierbei um Phase-3- und Phase-4-Studien, aber mehr im Stil von vergleichende Untersuchung von Medikamenten. Es ist sehr lukrativ. Man verdient da in eineinhalb Jahren so 1500 Euro pro Patient und betreut die Patienten dann. Wäre das nichts für Sie?' Da hab ich gesagt ,Ne, dafür hab ich keine Zeit, aber meine Frau, die im Mutterschutz ist, die könnte das. Setzen Sie sich doch mit ihr zusammen.' Gemacht, getan, wir haben es also versucht. Und innerhalb von drei Wochen hatten wir 90 Patienten. Wir waren Deutschlands größtes Studienzentrum für diese und auch für andere Studien und brauchten daher kein Existenzgründungsdarlehen zu beantragen. Also das war finanziell sehr gut. Ich habe dann gesagt: ,Herr, wenn du mal wieder jemand brauchst, nimm mich. Jetzt weiß ich ja, wie das bei dir geht. Also sage einfach Bescheid. Ich bin für dich da.'

Nachdem ich nun so reich beschenkt worden war, habe ich den Versuch, allezeit zu danken und zu beten, um eine weitere Woche verlängert.

Mit dem Wecker, der mir das Danken und Beten deutlich unterstützt hat, kamen nun auch andere Sachen ins Rollen. Das Nächste, was der Herr verändert hat, war unsere Beziehung. Die wurde immer besser. Freunde kamen zu uns und sagten: ,Ihr seid so ruhig geworden. Und so friedlich. Ihr streitet euch gar nicht mehr so oft. Man merkt bei euch gar keine negative Spannung mehr.' Wir hatten vorher eigentlich jeden Tag Grundsatzdiskussionen geführt. Das wurde nun irgendwie immer weniger. Und dann wurde auch noch meine Schilddrüse geheilt.

## Erfreulich positiv, statistisch nicht zu erwarten

Zu dieser Zeit hatte ich gerade meine Praxisräume bezogen. Da saß ich nun und hatte deutlich mehr Zeit als im Krankenhaus. Ich hatte ja noch nicht so viele Patienten. Deshalb konnte ich mich auch so ein bisschen mit meinen Patienten unterhalten und hatte viele Gespräche über Jesus Christus. Und dann war der nächste Gedanke: ‚Wenn ich hier jetzt kaum Patienten habe, nur ein paar morgens und ein paar am Nachmittag, dann kann ich schon mal die Zeit nutzen und kucken was passiert, wenn ich jetzt für die Kranken bete. Oder gilt das, was in der Bibel steht, nur für Älteste und Diakone?' Und dann habe ich eben Gebet angeboten. Wenn ein Patient kam und was wollte, habe ich gesagt: ‚Ich bin mir jetzt auch nicht sicher. Aber ich bin gläubiger Christ und die Christen haben das halt so mit dem Gebet. Die beten immer ganz gerne. Also, was ich könnte, ich könnte, wenn's Ihnen recht ist, ich könnte für Sie beten, wenn Sie möchten. Bei Kopfschmerzen, statt Tablette, da bete ich mal für Sie. Was halten Sie davon?' Da sagte der eine oder andere: ‚Ja, okay, machen Sie, wenn Sie möchten.' Dann habe ich ganz kurz gebetet, so in etwa: ‚Lieber Gott, bitte mache sie doch gesund, heile du sie und stelle du sie wieder her.'

Mit der Zeit habe ich ziemlich Muffensausen gekriegt. Ich hatte Angst, sie könnten sich bei ihren Hausärzten beschweren. So nach dem Motto: ‚Das ist ja ein total Verrückter mit seinen Gebeten. Qi Gong, Do-In und Akupunktur ist okay, aber das mit dem Beten, das ist einfach zu viel.' Da habe ich gebetet: ‚Herr, du sagst in der Bibel, dass dein Wort nicht leer zurückkehrt. Bitte tue, was du gesagt hast und lass mich jetzt nicht hängen.' Es hat sich dann auch tatsächlich niemand über mich bei den Hausärzten beschwert. Ganz im Gegenteil. Nach einer Weile, man sieht sich ja immer wieder, also so nach 2–3 Wochen kam dann das Feedback der Patienten, für die ich beten konnte. Die sagten: ‚Danke, dass Sie für mich gebetet haben. Es hat mir echt gutgetan. Es ging mir gleich besser (oder: Es wurde sofort gut). Vielleicht könnten Sie ja nochmals für mich beten. Das fand ich total klasse, dass Sie für mich gebetet haben. Überhaupt ein Arzt, der für einen betet …' Es war durch die Bank so positiv, dass ich mich sehr ermutigt gefühlt habe, für meine Patienten noch mehr zu beten.

Mein Glaube wurde dadurch natürlich auch enorm gestärkt. Demzufolge habe ich meinen Patienten immer öfter Gebet angeboten. Auch für die Diabetiker, die abnehmen sollten. Plötzlich haben die tatsächlich alle sehr viel abgenommen. Also wirklich dramatisch. *Das Auffällige dabei war, dass die 70- bis 80-Jährigen wirklich viel Gewicht verloren haben, aber dadurch keine Falten bekommen haben. Das ist wirklich sehr, sehr ungewöhnlich, um es einmal so zu sagen. Und es gab auch keinen Jo-Jo-Effekt. Das waren wirklich Ergebnisse, wo man von Heilungen und Wundern sprechen kann. Dabei ist es immer schwierig, als Arzt von Heilungen und Wundern zu sprechen. Im Fachjargon heißt so was ,erfreulich positiv, statistisch nicht zu erwarten'."*

*Kein Jo-Jo-Effekt und keine Falten. Die Worte haben sich mir buchstäblich ins Gedächtnis eingebrannt. So was geht doch gar nicht. Und was nicht geht, ist ein Wunder."*

Ich mache mir Gedanken darüber, was Dr. Elsen bisher erzählt hat. Als Erstes wurde er geheilt. Gleich zweimal. In der Folge davon hat er sich mit christlichen Heilungen auseinandergesetzt, indem er die Bibelstellen und die entsprechende Sekundärliteratur dazu studiert hat. Okay, das macht Sinn und ist mir nicht ganz ungeläufig. Bei seinen Studien stieß er dann auf Bibelstellen, die ihn ordentlich herausgefordert haben. Vor allem 1. Thessalonicher 5,16 („Betet unablässig!") ist für Dr. Elsen zur Schlüsselstelle geworden. Und er hat alles darangesetzt, dieser Bibelstelle, eben dem Willen Gottes, gerecht zu werden.

Ich habe schon von vielen Christen gelesen, die diese Bibelstelle sehr ernst genommen haben. Manchen ist es auch tatsächlich gelungen, täglich mehrere Stunden im Gebet zu bleiben. Über Dr. Yonggi Cho aus Seoul habe ich beispielsweise gelesen, dass er, zumindest in der Phase der Gemeindegründung, täglich bis zu sieben Stunden gebetet hat. Und das, wie man weiß, mit überwältigenden Ergebnissen. Oder man denke an die Klöster, die zum Motto „Bete und arbeite" hatten. Freilich kann nicht jeder sieben Stunden täglich am Stück beten. Da könnte man ja gleich ins Kloster gehen. Und so wurde diese Bibelstelle wohl von der Christenheit als nicht realisierbar abgetan.

So wie ich das bis dahin verstanden habe, hat Dr. Elsen anders reagiert. Als er mit 40 Jahren zum Glauben kam, hatte er genügend Reife und Lebenserfahrung, um zu hinterfragen, was da so alles in den Gemeinden gelehrt und gepredigt wird. Er wollte sehen, ob das mit dem anhaltenden Gebet nicht doch gehen kann. Und so holte er sich ein Hilfsmittel, das er wohl als Arzt von der Reha kannte. Diesen Wecker, der so oft am Tag klingelt, wie man will, hat er sich auf eine Taktung von zehn Minuten gestellt, um ans Gebet erinnert zu werden. Eigentlich ein simpler Trick. Aber auch eine riesengroße Herausforderung.

Ich schaue mich im Saal um. Es ist mittlerweile so ruhig geworden, dass man eine Nadel hätte fallen hören. Aber nicht etwa Anspannung oder Beklemmung ist der Grund dafür. Glaube und Hoffnung, dass Gott auch heute noch Wunder wirken kann, bestimmen die Atmosphäre. Auch mich hat diese Stimmung ergriffen. „Wer in mir bleibt und ich in ihm, der bringt viel Frucht", denke ich. Aber über das „In-ihm-Bleiben" denke ich mittlerweile ganz anders.

Einen Mediziner, der für seine Patienten betet und denen es dann tatsächlich besser geht, finde ich schon sehr interessant. Also beschließe ich, Dr. Arne Elsen in seiner Praxis zu besuchen.

# KAPITEL 4

# Der Besuch in der Praxis

Einen Termin bei Dr. Arne Elsen in Hamburg in seiner Praxis zu bekommen ist kein leichtes Unterfangen. Zu viele haben schon davon gehört, dass dort Heilungen durch Gebet an der Tagesordnung sind. Ich habe einen Termin bekommen und fühle mich dadurch schon ganz wohl, obwohl ich gar nicht krank war. Ein gutes Gefühl der Vorfreude macht sich in mir breit.

Dienstag ab 16 Uhr hieß es. Ich könnte etwas früher kommen und auf Dr. Elsen warten. So habe ich es dann auch gemacht. Parken in Hamburg Bramfeld ist eine mittlere Katastrophe; das Wetter war es auch, und so bin ich froh, mit Hilfe meines Navis die Praxis gefunden zu haben. Der Eingang der Praxis ist vom Innenhof aus zu betreten. Muss man wissen. Im ersten Stock ist die Gemeinschaftspraxis. „Christliche Praxis ..." steht an der Tür. Hier also, überlege ich, sollen Heilungen durch Gebet den Arzt ersetzen. Ich bin plötzlich sehr skeptisch. Es ist kurz vor vier Uhr. Ich betrete die Praxis, die sich eigentlich in nichts von dem unterscheidet, was ich bisher an Arztpraxen gesehen habe. Hinter der Empfangstheke sind drei, vier oder vielleicht auch fünf Arzthelferinnen damit beschäftigt, Patientendaten aufzunehmen und die Personen dann ins Wartezimmer zu bitten. Dr. Elsen ist noch nicht da. Das ist mir recht, weil ich dadurch noch etwas Zeit gewinne, um mir den Praxisbetrieb etwas genauer anzuschauen. Hektik scheint es in dieser Praxisgemeinschaft nicht zu geben, obwohl manchmal die Schlange der von den Ärzten bestellten Patienten bis zur Tür reicht. Alles ganz ruhig und sehr professionell. Ich schaue mich im Wartezimmer um. Es fällt mir nichts Ungewöhnliches auf, außer vielleicht ein paar Bibeln, die kostenlos zum Mitnehmen bereit liegen, und der Ständer mit den Einladungen für christliche Veranstaltungen. Die meisten Gemeinden, die zu ihren Veranstaltungen einladen, kenne ich. Hin und wieder ist Dr. Elsen der Gastredner. Ich gehe wieder zum Empfang, um Dr. Elsen nicht zu verpassen.

Da stehe ich also und warte. Meine Gedanken wandern in die Vergangenheit. Sieben- oder achtmal habe ich Dr. Elsen mittlerweile live bei seinen Vorträgen erlebt. Jedes Mal habe ich mich gefragt, ob sich das, was ich da gerade höre, wirklich in Deutschland abspielt. Denn Heilungen in diesem Ausmaß geschehen eigentlich eher in Asien, Afrika oder Amerika, also in Ländern, in denen gerade Erweckung ist. Die DVDs, die mir ein Bekannter mitgebracht hat, habe ich mir auch immer wieder angehört. Es war und ist für mich faszinierend zu sehen, dass da ein Mediziner, nachdem er Christ geworden ist, zu solch einem extremen Mittel wie dem Wecker greift, um Gottes Wort gerecht zu werden, um Gottes Wort einzulösen. Mir ist in meiner „christlichen Laufbahn" schon vieles begegnet. Aber, dass es überhaupt einer wagt, ständig im Gebet bleiben zu wollen, ist schon sehr außergewöhnlich. Und als er dann bemerkte, dass er ständig vom Beten abgelenkt wird, behilft er sich mit einem Wecker, der ihn buchstäblich alle zehn Minuten „aufweckt". Das ist sehr mutig, fast schon kurios. Ich freue mich auf diesen Mann.

In Toronto wurde in der Gemeinde „Catch the Fire" von der Gemeindeleitung solch ein Wecker an alle Gemeindemitglieder verschenkt. Quasi als Hilfe zur Selbsthilfe. Diese Hilfe hat Arne Elsen nur am Anfang gebraucht. Ich erinnere mich an eine DVD, wo Dr. Elsen berichtet: „Mittlerweile bete ich so viel in der Praxis, dass ich den Wecker nicht mehr brauche. Aber zu Beginn schon. Da hieß es dann von den Patienten: ‚Herr Doktor, da piepst was.'"

Ich stehe also hier am Empfang von der Praxisgemeinschaft und frage mich: Wie wird das jetzt gleich vonstatten gehen, wenn ich neben Dr. Elsen sitze und beobachten darf, was da passiert. Kommt da ein Patient und der Doktor legt dann die Hände auf, betet und die Krankheit verschwindet? Kommen ungläubige Menschen, und die Gnade Gottes kommt über sie, sodass sie sich bekehren? Oder kommen vielleicht Patienten, die gar nicht gesund werden wollen? So etwas soll es ja auch geben. Oder solche, die nicht glauben können, dass Gott auch heute noch durch Gebet heilen kann. Arne Elsen hat ja nie behauptet, dass alle Patienten gesund werden. Vielleicht passiert auch gar nichts. Rein gar nichts, außer, dass der Doktor Medikamente verschreibt und irgendetwas in seinen PC hackt. Kann ich eigentlich davon ausgehen, dass ich nach einem einzigen Besuch erlebe, wie Gott in dieser Praxis wirkt?

Zweifel und Vorfreude wechseln sich in regelmäßigen Abständen ab. Noch ist jede Gefühlsregung klar zu unterscheiden, aber ich befürchte, dass sie sich zu einer lauen Gefühlssuppe vereinen. Ich reiße mich daher von meinen Gedanken los. Erst jetzt nehme ich die junge Frau wahr, die neben mir steht und ganz offensichtlich auch auf Dr. Elsen wartet. Nach kurzer Zeit kommen wir ins Gespräch.

## Mein Vater, der auch Arzt ist, konnte das auch nicht glauben

Claudia ist, wie sich später herausstellt, 30 Jahre alt und war sehr krank. Sie berichtet: „Ich hatte einen Gehirntumor. Der wurde 2009 diagnostiziert. Seit wann ich den Gehirntumor hatte, wusste niemand. Was man aber wusste, war, dass er bösartig war. Also Krebs. Nach einer schwierigen Operation und nach einer Bestrahlung, die nichts brachte, habe ich die Behandlung auf eigene Faust abgebrochen." Ich schaue mir die junge Frau genau an. Wenn man Krebs im Kopf hat, dann hat man ein Problem. Aber das scheint bei Claudia nicht der Fall zu sein. Sie wirkt unglaublich gelassen und ruhig. Ihre blauen Augen strahlen um die Wette und alles an ihr wirkt sehr aufgeräumt und fröhlich. Von Krankheit und Zukunftsängsten also überhaupt keine Spur. Sie erzählt mir, wie sie sich fühlte: „Ich hatte ständig Kopfschmerzen, Übelkeit, irgendwie alles. Der Krebs wurde aber nicht erkannt. Und dann kam es raus. Das war wie gesagt im Jahr 2009. Letztlich waren es epileptische Anfälle, die auf den Gehirnkrebs deuteten. Der Tumor war so groß wie ein Hühnerei. Das muss man sich mal vorstellen. Spät wurde der Krebs festgestellt. Aber nicht zu spät. Ich wurde also operiert. Mein Schädel wurde geöffnet und der bösartige Tumor entfernt. Das war nicht so angenehm. Die Operation verlief so weit gut, aber danach gab es ein ziemliches Missgeschick von den Ärzten. Die haben nämlich vergessen, die Drainage zu öffnen. Und da lag ich stundenlang und es sammelte sich der Inhalt einer Cola-Dose Blut in meinem Kopf, weil es nicht abfließen konnte. Erst nach Stunden wurde es überhaupt bemerkt. Ich habe das nur so am Rande mitbekommen. Da war dann helle Aufregung. Dass dadurch keine bleibenden Schäden entstanden sind, war schon das erste Wunder. Im Nachhinein wurde mir gesagt, dass ich nachts noch ins CT gesteckt wurde, weil die Ärzte sonst was befürchtet haben. Das habe ich gar nicht mitbekommen. Aber es ist nichts passiert. Der Herr hat da echt aufgepasst."

Ich frage sie, ob sie zu dem Zeitpunkt schon Christin war. Sie bejaht, fügt aber hinzu, dass sie gläubig war, aber ohne Lebensübergabe. Zudem war sie noch nicht getauft: „Ich wusste damals sehr genau, dass Jesus Christus eingegriffen hat, obwohl ich noch nicht diese enge Beziehung zu Jesus hatte wie jetzt. Die OP war im Juli 2009. Im Oktober habe ich dann Jesus Christus mein Leben übergeben. Ganz offiziell, weil ich wusste, dass ich ihn brauche. Ich wusste das zwar schon vorher, aber irgendwie hat das nicht so geklappt. Und ich habe auch nicht so intensiv darüber nachgedacht. Aber zurück zu dem Tumor. Es hieß dann, er sei komplett rausoperiert. Symptome hatte ich aber immer noch. Deshalb musste ich Antiepileptika nehmen. Die Symptome hielten an und dann wurde mir letztes Jahr gesagt, dass da wieder was sei oder immer noch da wäre. So ganz genau wüsste man das nicht. Das war natürlich ein herber Schlag für mich. Alles Mögliche wurde mir seitens der Ärzte empfohlen. Bestrahlung oder doch wieder eine OP. Ich wollte aber keine OP mehr wegen dieses Missgeschicks beim ersten Mal. Dann habe ich gebetet: ‚Herr was soll ich denn jetzt machen? Soll ich mich operieren lassen oder soll ich lieber zu einer Bestrahlung greifen?' Ich habe dann von einer Klinik in Heidelberg gehört, die Bestrahlung anbietet, die nicht so aggressiv sein soll. Da habe ich eingewilligt und wollte diese Bestrahlung gemeinsam mit dem Herrn machen. Einen Termin habe ich auch kurzfristig bekommen. Ja und dann habe ich eingewilligt und es ging auch gut während dieser Zeit. Das Dumme war nur, dass diese Bestrahlung genau das Gegenteil bewirkt hat. Der Tumor wurde also größer statt kleiner. Da habe ich bei mir gedacht: ‚Was machst du jetzt?' Ich war ziemlich ratlos. Die ärztliche Beratung ging wieder in die gleiche Richtung wie beim letzten Mal. Operationen bzw. eine andere Art der Bestrahlung usw. Ich glaube, jeder kann sich vorstellen, dass ich das nicht wollte und was sich in mir abgespielt hat.

Ich habe schon vor der Bestrahlung in Heidelberg von Dr. Arne Elsen gehört. Beim Surfen und Suchen im Internet bin ich auf Heilungszeugnisse, die sich in seiner Praxis zugetragen haben, gestoßen. Aber irgendwie geriet das immer wieder in Vergessenheit. Ich lief da wie mit so einem Brett vor dem Kopf durch die Gegend. Es war sehr merkwürdig. Ganz oft dachte ich an die Praxis in Hamburg Bramfeld. Aber nie habe ich mir einen Termin geholt. Irgendwann dachte ich: ‚So, jetzt ist Schluss. Da rufst du jetzt an.' Ich kann mich noch genau daran erinnern. Ich habe am 2. Januar angerufen und direkt für den 2. Februar einen Termin bekommen. Das ging relativ schnell. Ich habe gehört, dass manche monatelang warten müssen. Nun kam ich in die Praxis und habe sofort gemerkt, dass sich bei mir etwas tut. Denn, in dem Moment, als ich in sein Sprechzimmer kam, ist der Bleimantel, den ich die ganze Zeit an mir gespürt habe, sofort von mir abgefallen. Ich war gleich wie befreit.

Wenn ich in Gottes Gegenwart bin, dann merke ich es daran, dass mir kalt oder warm wird und ich leicht zittere. Wie wenn ich etwas aufgeregt wäre. So ging es mir, als ich die Praxis betreten habe. Da wusste ich gleich, der Herr ist hier, und das ist gut so. Arne (also Dr. Elsen) hat dann seine Hand auf meine Schulter gelegt und gesagt: ‚Ich werde jetzt für dich beten und dann wollen wir mal hören, was der Herr so sagt.' Das erste Wort, das Arne für mich gehört hat, war ‚Erbarmen'. Und dann hat der Herr noch gesagt: ‚Ich werde das gute Werk, das ich bei dir angefangen habe, auch vollenden.' Es war total klasse. Dann fiel mir ein, dass ich jetzt ja wieder nach Hause musste. Ich habe mich da gefragt, ob ich wieder einen Termin bekommen würde. Und da sagte Arne direkt: ‚Ja dann sehen wir uns nächste Woche.' *Gott sei Dank,* habe ich gedacht. Von da an war ich regelmäßig, beinahe jede Woche, in der Praxis. Und der Herr hat immer wieder denselben Satz gesagt: ‚Ich werde das gute Werk, das ich bei dir angefangen habe, auch vollenden.' Ich habe das natürlich auch geglaubt. Ich dachte bei mir, wenn der Herr das sagt, dann ist es auch so. Es wurde auch viel für mich gebetet. Von Arne und oben (‚oben' bezeichnet das Gebetszentrum, das sich ein Stockwerk über der Praxis befindet) von seinem Gebetsteam.

Das zweite MRT war am Freitag vor zwei Wochen. Ich wusste schon im Vorfeld, dass der Herr an mir gewirkt hat. Aber ich wusste natürlich nicht, wie und was. Also, ich gehe bei meinem Arzt in das Sprechzimmer und der schaut mich sehr verdutzt an. Er kannte mich ja nun schon sehr gut wegen den vorhergegangenen MRTs. Da fragt er mich: ‚Was haben Sie gemacht? Haben Sie sich noch einmal bestrahlen lassen?' ‚Nein', habe ich ihm darauf gesagt. ‚Was, Sie haben sich nicht noch einmal bestrahlen lassen?' ‚Nein, habe ich nicht. Ich kann Ihnen aber sagen, was ich gemacht habe. Ich habe für mich beten lassen.' Und da habe ich ihm alles erzählt, von Arne und seiner Praxis und den Gebetsräumen oben. ‚Ja', sagte er, ‚dann gibt es Gott also doch.' ‚Ja', sagte ich, ‚den gibt es tatsächlich.' Mein Arzt hat natürlich auch gesehen, wie gut es mir jetzt geht und dass ich keinerlei Symptome und auch keine epileptischen Anfälle mehr habe. Mein Vater, der auch Arzt ist, konnte das auch nicht glauben, musste aber letzten Endes doch einsehen, dass der Herr mich geheilt hat. Es gibt keine medizinische Erklärung dafür, dass der Tumor, der aus vier Teilen bestand, fast vollkommen weg ist. Und selbst das, was noch da ist, ist rückläufig, obwohl es hieß, dass da ein Stillstand eintreten würde."

Zum Beweis dafür hält sie mir einen Bericht der Kernspintomographie, verfasst von einer Radiologie-Praxis in Lüneburg, unter die Nase. Ich bin noch nicht ganz fertig mit Lesen, da kommt Dr. Elsen in die Praxis. Er ist etwas kleiner, als ich erwartet habe. Auffällig ist sein konzentrierter Blick und die Spannung, die er ausstrahlt. Er begrüßt Claudia und mich. Auf dem Weg in sein Sprechzimmer werden wir von zwei älteren Frauen aufgehalten, die das Sprechzimmer verbotenerweise belagert haben. Als sie den Doktor sehen, geraten sie völlig aus dem Häuschen. Sätze wie „Ich bin ja so froh!" und „Herr Doktor, ich bin Gott so sehr dankbar!" dringen an mein Ohr. Langsam verstehe ich, dass die zwei älteren Damen gar keinen Termin haben. Sie wollen sich nur bei Dr. Elsen für die Gebete bedanken, die er, wohl mit großem Erfolg, für sie gesprochen hat. „Oh, Herr Doktor", sagt eine von den beiden, „jetzt habe ich Sie geküsst. Habe ich das überhaupt dürfen?" Tatsächlich hat der Arzt einen dankbaren Schmatz auf die Wange bekommen. Ein Ergebnis seiner Unaufmerksamkeit und seiner Gebete. Aber nun geht seine Geduld langsam zu Ende. Sein Tonfall wird bestimmender, als er sagt: „Bitte, meine Damen, etwas mehr Ruhe, das ist immerhin eine Arztpraxis." Stimmt, denke ich, habe ich beinahe vergessen. Bei so viel herzlicher Dankbarkeit kann man das schon mal vergessen. Gerne hätte ich die zwei Damen noch gefragt, von was sie geheilt worden sind, aber da sind sie nun endgültig aus dem Sprechzimmer geleitet worden.

## Man sieht sich ja regelmäßig wieder

Ich darf im Sprechzimmer bleiben und auf einem Hocker, der sich in der Ecke hinter Dr. Elsens Schreibtisch befindet, Platz nehmen. Das Sprechzimmer ist eher bescheiden, aber funktional eingerichtet. Ein Schreibtisch auf der einen Seite, gegenüber zwei Stühle mit Armlehnen. Der PC darf natürlich nicht fehlen. An der Wand hängt ein Foto von Herrn Elsen, das ihn mit einem seiner Kinder auf dem Arm zeigt. Damals war er noch deutlich jünger. Ein paar von Kindern gemalte Bilder mit der Darstellung von Jesus und dem Kreuz hängen an der anderen Wand. Mehr fällt mir nicht auf. Doch als es im Sprechzimmer still wird, bemerke ich die CD von Billy Smith, die ständig leise im Hintergrund läuft. Ich bin seit ungefähr zwei bis drei Minuten alleine im Sprechzimmer und bemerke zu meiner Überraschung, dass ich mich ganz wohl fühle. Und das in einer Arztpraxis.

Dr. Elsen kommt herein, gefolgt von einem älteren Ehepaar. Sie nehmen Platz und Dr. Elsen unterhält sich mit ihnen übers Krabbenpulen. Nicht so ganz mein Ding, aber der ältere Herr glüht vor Leidenschaft. Treffer. Dann die Frage, woher sie von ihm gehört haben. Das Ehepaar erklärt, dass sie über eine Bekannte von ihm gehört und sich dann auch im Internet schlau gemacht hätten. Es hätte lange gedauert, bis sie einen Termin bei ihm bekommen hätten. Nun seien sie ja glücklich da und hätten dank ihres Navis auch die Praxis gefunden. Irgendwie kommt mir das ja bekannt vor. Nun fragt er sie nach ihren Beschwerden. Es sind welche da und bei mir steigt der Puls. Was kommt jetzt? Dr. Elsen erklärt den beiden, dass ein Stockwerk höher ein Gebetsteam darauf wartet, für Patienten zu beten. Sie müssten sich also nicht unbedingt bei ihm einen langfristigen Termin geben lassen. Ich spüre, dass der Doktor innerlich betet und auf den Herrn hört. Das macht er, während er die Eingabetasten seines PCs bedient: „Am besten, ihr nehmt Öl und bestreicht damit die Türrahmen eurer Wohnung", höre ich ihn sagen.

Dann gibt er weitere Ratschläge. Sie sollten sich die CD über Heilung von Billy Smith[1] zu Hause anhören. Das wäre gut für den Glauben. Dann empfiehlt er ihnen den Wecker. Bis jetzt habe ich noch nichts von Verordnungen oder Medikamenten gehört. Und das sollte sich auch nicht ändern. Dr. Elsen bleibt seiner Linie treu und fragt die beiden, ob sie ihr Leben schon Jesus Christus übergeben haben. Als sie verneinen, geht er um den Schreibtisch und spricht ein „Übergabegebet", das die beiden nachsprechen. Sie sind sichtlich gerührt und ich habe den Eindruck, dass schon jetzt

---

[1] Eine CD mit gesprochenen Bibelstellen über Heilung.

etwas mit ihnen passiert ist. Dr. Elsen weist zum Abschluss eindringlich auf den Wecker hin und begleitet sie dann nach „oben" zu dem Gebetsteam, das offensichtlich schon auf sie wartet.

Wieder allein, mache ich mir meine Gedanken. Ein Übergabegebet, nachdem man sich erst zehn Minuten kennt, ist für mich durchaus rekordverdächtig. Ist es aber auch sinnvoll? Die Antwort liegt auf der Hand. Er sieht die beiden ja schon bald wieder. Der nächste Termin bei ihm ist fest eingeplant. Die „Nacharbeit" kann dann beginnen. Sein „Man sieht sich ja immer wieder" klingt mir noch in den Ohren und mir wird jetzt klar, dass man dadurch auch etwas forscher vorgehen kann.

Arne Elsen kommt wieder herein und mit ihm ein anderes älteres Ehepaar. Dieses Mal wird man über Ansichtskarten miteinander warm. Es wird gelacht und zu meinem Erstaunen auch etwas mehr plattdeutsch geredet, als ich in Hamburg vermutet hätte. Diesen Dialekt gibt es also noch, und ich verstehe nur die Hälfte davon. Ist aber nicht weiter schlimm. Als Dr. Elsen das Gebetszentrum im oberen Stock erklärt, wird es wieder verständlicher für mich. Dann beschreibt der Ehemann seine Beschwerden und dass die örtliche Gemeinde, die er regelmäßig besucht, leider ohne Erfolg dafür gebetet hat. Dr. Elsen hört aufmerksam zu und trägt nebenher die gecheckten Werte im PC nach.

Jetzt bin ich aber mal gespannt, wie der Mediziner mit dieser Situation umgeht. Da hat dieser ältere Christ Beschwerden und vertraut sich seiner örtlichen Gemeinde an, die dann auch für ihn betet. Und nichts passiert. Was macht Dr. Elsen jetzt? Ich spüre, dass er die ganze Zeit leise gebetet hat. Dadurch entstehen aber keine Pausen. Das geht so nebenher. Nun steht er auf, geht wieder um den Schreibtisch herum und fragt die beiden, ob er für sie beten darf. Er darf, und es endet damit, dass er für die Dame ein „Bild" und für ihren Gatten einen Zuspruch vom Herrn hat. Die beiden sind sichtlich getröstet. Man spürt deutlich, dass das, was sie gerade prophetisch durch Dr. Elsen empfangen haben, für sie authentisch war. Dr. Elsen bleibt gleich stehen und wartet, bis sich die zwei wieder „gefangen" haben, um sie dann ins Gebetszentrum im oberen Stock zu begleiten.

Wieder zurück im Sprechzimmer, erklärt mir Dr. Elsen, dass jetzt eine ungläubige Frau an der Reihe ist. Gleich darauf betritt die Frau, so Mitte fünfzig, sehr selbstbewusst das Sprechzimmer. Als sie Platz genommen hat, wird über die bereits verabreichte Medizin gesprochen und wie sie gewirkt hat. So ganz optimal war es wohl nicht. Dr. Elsen führt das auf Stress zurück und schlägt eine Kur vor. Ziemlich unvermittelt kommt er dann auf „oben" zu sprechen und dass es, seit es „oben" gibt und Christen für die Patienten beten, deutlich bessere Resultate zu verzeichnen gäbe. Die Frau geht überhaupt nicht darauf ein. Sie sprechen weiter über Medikamente. Arne Elsen leitet das Gespräch sanft auf ihr Gewichtsproblem. Sie ist sich dessen bewusst, hat aber bisher noch kein Mittel gefunden um dauerhaft abzunehmen. Der Arzt rät ihr zu mehr Sport, wo dann auch der Stress besser abgebaut wird, und fügt dann nahtlos an, dass ein Gottesdienstbesuch auch sehr entspannend sein kann. Dann empfiehlt er ihr, einen christlichen Hauskreis zu besuchen. Die Miene der Frau zeigt wenig Offenheit für den christlichen Glauben. Das entgeht dem Doktor keinesfalls. Als er sie fragt, was sie denn vom christlichen Glauben halte, berichtet sie ihm, dass sie sein Lieblingsbuch wohl gelesen habe, aber sie es nicht so mit der Kirche hätte. In letzter Zeit würde sie sich mehr mit Joga beschäftigen.

Was dann passiert, ist zunächst nicht ganz nachvollziehbar. Dr. Elsen hat wieder die ganze Zeit leise gebetet. Just in dem Augenblick, als die Dame ihre Zuneigung zum Joga bekundete, steht Dr. Elsen auf, geht um den Schreibtisch herum und fragt die verdutzte Frau, ob er für sie beten dürfe. Zu meiner Verwunderung willigt sie ein. Er betet also für sie, und ich spüre, wie sich der Heilige Geist auf sie legt. Die Frau ist sichtlich berührt. Dann bittet Arne Elsen sie, ihm nachzusprechen. Er betet das Übergabegebet. Tränen laufen ihr über das Gesicht, als sie ihm nachspricht. Dr. Elsen erklärt ihr, dass das heute der wichtigste Tag in ihrem Leben sei. Er lässt ihr etwas Zeit, damit sie sich wieder sammeln kann. Dann werden Medikamente und – natürlich das Wichtigste für die christliche Nacharbeit – der nächste Termin notiert.

Als die Frau das Sprechzimmer verlassen hat, fragt mich Dr. Elsen, ob ich mich mal „oben" umsehen möchte. Ich möchte, und Dr. Elsen begleitet mich nach oben. Oben befindet sich das Centrum für Glauben, Gebet und Heilung. Hier wird also mit großem Erfolg für Menschen und deren Heilung gebetet. Ich frage Dr. Elsen, ob es möglich wäre, mit dabei zu sein, wenn hier gebetet wird. Er willigt ein, und als ich wieder zu Hause bin, vereinbaren wir einen Termin.

# KAPITEL 5

## Centrum für Glauben, Gebet und Heilung

Es ist Montagmorgen, 8.30 Uhr, als ich auf der A7 etwa 80 km vor Hamburg in eine Vollsperrung gerate. Gleich dem grauschwarzen Qualm, der das vorzeitige Ende des die Vollsperrung verursachenden LKWs ankündigt, löst sich auch mein Zeitplan in Luft auf.

Um 10 Uhr wollte ich in Hamburg im Centrum sein, aber durch die Vollsperrung wird es nun eine Stunde später. Durch einen separaten Eingang von der Bramfelder Chaussee aus erreiche ich das Centrum für Glauben, Gebet und Heilung, das sich direkt über der Praxis von Dr. Elsen befindet. Ein Schild vor der Eingangstür im 2. Stock verrät mir, dass ich richtig bin. „Verein Glaube & Heilung" ist da zu lesen. Ich läute. Herbert, der zum Gebetsteam gehört, öffnet mir und ich stehe in einem kleinen Flur, wo Bibeln, CDs von Arne Elsen und Billy Smith und natürlich Gymboss-Wecker auf ihre Abnehmer warten. Ich folge Herbert in den größten der fünf Gebetsräume. Das Team beendet gerade seine Gebetsgemeinschaft und begrüßt mich sehr herzlich. Zu meinem Erstaunen gehören am heutigen Tag außer Herbert nur noch Elisa und natürlich Iman, der Leiter dieses Centrums, zum Gebetsteam. Zwei jüngere Personen verabschieden sich in die Küche, um, wie man mir erklärt, die gute Atmosphäre hier zu genießen. Außerdem ist da noch Melina, die heute ein einwöchiges Praktikum im Gebetsteam beginnt.

Iman führt Melina und mich durch die Gebetsräume. Alle Räume sind sehr sauber und praktisch eingerichtet und erinnern mich ein wenig an Praxisräume. Wen wundert's? Iman nimmt uns mit in sein Büro, das ebenfalls als Gebetsraum dient, wenn mal viel los ist.

„Bevor wir für jemanden beten, sollte er das Gebetsprotokoll ausfüllen", erläutert uns Iman. Das Gebetsprotokoll ist ein DIN-A4-Vordruck, ähnlich einem Patientenaufnahmeformular. Gefragt wird nach persönlichen Daten: Anschrift, Gemeinde, ob man wiedergeborener Christ ist, ob man die Taufe im Heiligen Geist empfangen hat sowie natürlich, was das Gebetsanliegen ist und was sich seit dem letzten Gebet verändert hat. Zudem wird noch das Vierfarbfaltblatt mit dem Titel „WIR WISSEN, DASS GOTT HEILT" und ein Überweisungsschein, bei dem das Wort „Spende" in der Spalte „Verwendungszweck" bereits ausgefüllt ist, überreicht. „Man kann einfach von der Straße zu uns hoch kommen, um für sich beten zu lassen", erklärt uns Iman weiter, „auch ohne vorher einen Termin mit uns vereinbart zu haben. Oder man lässt sich bei Arne (Dr. Elsen) einen Termin in seiner Sprechstunde geben. Leider kann Arne selber neben seinen Tätigkeiten als Mediziner nur kurz mit jedem beten, bevor er einen nach oben ins Gebetszentrum bittet. Wir haben hier einfach mehr Zeit als er." Aus den weiteren Schilderungen von Iman ist zu entnehmen, dass im Laufe der Zeit die Patientenflut bei Dr. Elsen so stark zugenommen hat, dass er es zeitlich nicht mehr schafft, eingehend für jeden seiner Patienten zu beten. Als dann im Jahr 2010 diese Räumlichkeiten frei wurden, hat der Internist nicht gezögert und sie angemietet. Von seiner Praxis aus erreicht man das Centrum bequem über das Treppenhaus.

Ich frage Iman, ob es möglich sei, dass ich beim Beten dabei bin. „Wenn du willst, dann können wir gleich zu Elisa in den Nebenraum gehen. Sie betet gerade für eine ältere Frau", schlägt mir Iman vor. Doch just in dem Moment öffnet sich die Türe und Elisa gibt strahlend zu verstehen, dass schon alles erledigt ist. Das gibt mir Zeit, Iman, 46 Jahre alt, verheiratet, drei Kinder, ein paar Fragen zu stellen.

**Frage:** Du hast einen ungewöhnlichen Vornamen.

**Antwort:** Meine Mutter kommt aus dem Iran. Mein Vater ist Deutscher. Daher der Name Iman. Iman heißt „Glaube".

**Frage:** Deine Berufung ist, für Menschen zu beten. Was ist dein Beruf?

**Antwort:** Diplom-Kaufmann und auf dem zweiten Bildungsweg Vikar.

**Frage:** Wie würdest du den Dienst im Glaubens und Gebetscentrum bezeichnen?

**Antwort:** Jesus hat uns ausgesendet, um das Gleiche zu tun, das er getan hat. Er sagt ja durch die Schrift, dass wir die frohe Botschaft verkünden – Dämonen austreiben, die Kranken heilen und die Toten auferwecken sollen. So wie es in Matthäus 10 Vers 8 steht: *„Heilt Kranke, weckt Tote auf, reinigt Aussätzige, treibt Dämonen aus! Umsonst habt ihr empfangen, umsonst gebt!"* Wir wollen, um es auf den Punkt zu bringen, Jesus groß machen. Unser Werk hier ist etwas ganz Einzigartiges. Nämlich die Kombination aus Arztpraxis und Glaubens-, Gebets-, Heilungs- und Erweckungscentrum.

Es kommt oft vor, dass Christen zu uns kommen, die bei uns neu und frisch den Heiligen Geist spüren. Andere befinden sich in einer „Sackgasse" und wir dürfen erleben, wie Gott ein prophetisches Wort gibt oder Heilung und Befreiung schenkt.

Ich würde unseren Dienst als apostolischen Dienst bezeichnen. Momentan mit Schwerpunkt für Deutschland. Aber es weitet sich immer mehr in Richtung Europa und Amerika aus. Der apostolische Dienst hat unserer Auffassung nach die Aufgabe, die Heiligen zu ihrem Dienst zuzurüsten, und das wollen wir auch machen.

**Frage:** Wie ist der Zusammenhang zwischen Dr. Arne Elsen und dem Centrum?

**Antwort:** Dr. Elsen ist Vorstandsvorsitzender und Initiator dieses Centrums. Er hat dieses Centrum auf Gottes Auftrag hin gegründet. Aber er kann natürlich nicht alles alleine machen. In dieser

Phase hat Gott zu mir gesprochen, dass ich Arne fragen sollte, ob er einen Leiter bräuchte. Arne und ich kennen uns von früher. Er sagte mir, er habe am Tag vorher gebetet, dass er nicht alles alleine machen könne und einen Leiter brauche. So war ich seine Gebetserhörung. (lacht)

**Frage:** Wie kam das derzeitige Gebetsteam zustande?

**Antwort:** Das Team kam zustande, weil Christen aus allen möglichen Denominationen und Gemeinden zu uns gekommen sind, die es auf ihren Herzen hatten für Kranke zu beten. Oft hat Gott am Abend zuvor gesprochen, dass er mir eine Person schickt, die beispielsweise stark im Befreiungsdienst oder stark im Heilungsdienst stehen wird. Und am nächsten Tag hat sich dieser Eindruck in Form einer Person, die gerne mitbeten wollte, bestätigt. So hat Gott das Team zusammengestellt.

**Frage:** Wie viele Personen zählen zum Gebetsteam?

**Antwort:** Das Kernteam bildet sich aus 25 Beter/innen. Hinzu kommen noch 20 interessierte Personen, die noch ins Team hineinwachsen wollen.

**Frage:** Betet Dr. Elsen auch mit?

**Antwort:** Ja. Wir sind im regen Austausch. Er kommt regelmäßig hier hoch. Wir feiern jeden morgen das Wort Gottes, Abendmahl und Anbetung und Arne ist mit dabei. Wir teilen mit, was uns der Herr gesagt hat, tauschen uns im Team aus und dürfen erfahren, wie hier oft die Vision, die Arne hatte, bestätigt wird."

**Frage:** Was für Voraussetzungen sollten vorhanden sein, um hier im Team mitbeten zu können?

**Antwort:** Ganz klar: Eine leidenschaftliche Beziehung zu Jesus, ein brennendes Herz der ersten Liebe und eine totale Hingabe an unseren Vater im Himmel. Dann den Glauben, dass es wahr ist, dass Christus heute noch heilt (vgl. Jes 53,5), dass man die Beziehung zu Jesus wirklich verinnerlicht hat und dies auch lebt und dass man das Reich Gottes sehen möchte. Und natürlich den Glauben, dass es wahr ist, dass Christus für uns ans Kreuz ging (vgl. 1 Petr 2,24).

**Frage:** Erlebt ihr Spontanheilungen?

**Antwort:** Ja, regelmäßig.

**Frage:** Erzähle doch bitte, was für Heilungen ihr schon erlebt habt.

**Antwort:** Gerne. Bei einer jungen Frau haben wir den Geist des Asthmas ausgetrieben. Da wurde es ein bisschen lauter hier in den Räumen. Das ist bis runter zu Arne gedrungen, der daraufhin hoch kam und uns daran erinnerte, dass die „Mitbewohner", wie er zu sagen pflegt, doch leise gehen sollen. (Er lacht) Die junge Frau ist dann tatsächlich von Asthma frei geworden. Spontanheilungen haben wir bei mehreren Menschen erlebt, die ein verkürztes Bein hatten. Gott ließ das andere Bein nachwachsen, sodass jetzt beide Beine gleich lang sind. Eine Frau hat, nachdem wir für sie gebetet haben, ihre Armschiene hiergelassen und ein Mann seine Bein- schiene. Wir erleben eigentlich immer sehr stark, dass Schmerzen spontan weggehen. Es gibt noch viele andere Heilungen. Eine möchte ich noch erzählen: Ein Ehepaar war extra aus dem Süden Deutschlands angereist, weil der Mann ein akutes Alkoholproblem hatte. Nach Aussage des Arztes konnte nur noch Entzug helfen. Er hat eingewilligt, aber irgendwie die Station in der Klinik nicht gefunden und sich daraufhin wieder volllaufen lassen. Seine Frau hat dann entschieden, dass sie nach Hamburg in unser Centrum fahren werden, um Jesus zu erleben. Er hat dann vorsichtshalber eine Kiste Wein hinten ins Auto gelegt und sich neben seine Frau auf den Beifahrersitz gesetzt. Die zwei haben sich für eine ganze Woche angemeldet. Aber schon am nächsten Morgen hat er uns berichtet, dass er das erste Mal seit Jahren durchgeschlafen hätte, ohne nachts Alkohol trinken zu müssen. Am nächsten Tag kam er und sagte, dass Jesus ihn freigemacht hat. Er hat uns gesagt, dass alleine der Gedanke an Alkohol ihm Übelkeit bereitet.

**Frage:** Wann war das?

**Antwort:** Das hat sich ungefähr vor drei Monaten zugetragen.

**Frage:** Gibt es eine theoretische Vorgehensweise wie ihr betet?

**Antwort:** Wichtig ist mir als Leiter, dass wir wirklich auf den Heiligen Geist hören. Wir können nur das tun, was uns der Vater zeigt. Nur wenn wir auf den Heiligen Geist hören und das Gehörte im Gebet anwenden, erfahren wir seine Kraft. Das Wort Gottes ist dabei die Anleitung. Ich habe ein Skript verfasst, das sich: „Biblische Heilung heute und praktische Umsetzung" nennt. Dieses Script ist jedem/r Beter/in zugänglich und behandelt das Thema Heilung aus Sicht der Bibel.

Anbetung ist auch noch sehr wichtig. Wir sind ja ein Gebetshaus. An fünf Werktagen in der Woche ist geöffnet. Sonntags ist hier immer ein Heilungsgottesdienst. Es sind Räume des Gebets. Jeden Morgen haben wir als Erstes das Wort Gottes, Abendmahl und Anbetung. Danach teile ich die Teams auf die Räume auf. Wenn sich die Teams dann in den Räumen befinden, gehen sie in die Anbetung und hören auf Gottes Stimme, für was jetzt gebetet werden soll. Das geht dann so bis ca. 14 Uhr. Dann ist Mittagspause. Um 16 Uhr treffen wir uns dann wieder und gehen als großes Team in die Anbetung, bis sich die einzelnen Teams wieder in die Gebetsräume verteilen.

**Frage:** Wie lange betet ihr dann?

**Antwort:** So bis 20 Uhr. Manchmal auch länger. Oft kommen Menschen von weither gereist. Da kann es auch schon mal 22 Uhr werden. Das Gebet, also die ständige Kommunikation mit unserem Herrn, und die Anbetung sind uns sehr wichtig. Egal, was wir gerade machen.

**Frage:** Werden die Bilder, Bibelstellen und Eindrücke, die ihr bekommt, schriftlich festgehalten?

**Antwort:** Nein, wir schreiben nicht mit, haben aber auch nichts dagegen, wenn die Person, die für sich beten lässt, selber mitschreibt. Kürzlich war jemand da, der mit einem Diktiergerät mitgeschnitten hat. Das ist auch in Ordnung.

Ich bedanke mich bei Iman für das Interview und bin schon sehr gespannt auf den ersten „Einsatz".

## Bei den Gebetsteams

Es dauert nicht lange und wir, Elisa, Melina, Iman und ich, dürfen für Ute (Name geändert) beten. Ute ist gläubig und Anfang 30 und übergibt Iman das ausgefüllte Gebetsprotokoll. Iman erklärt mir, dass er sich die Gebetsprotokolle vor dem Beten nie anschaut. Er will sich ganz auf den Heiligen Geist verlassen, und ein Gebetsprotokoll würde ihn da nur ablenken. Ohne die kleinste „Aufwärmphase" geht es los. Iman übernimmt die Leitung. Ute fängt auch an zu beten. Daraufhin gibt ihr Iman zu verstehen, dass sie sich für den Heiligen Geist öffnen, aber nicht beten soll.

Iman wendet sich an Melina. Sie soll ihre Hand kurz auf den Bauch von Ute legen. Es wird pausenlos gebetet. Ganz ruhig und sehr selbstverständlich, fast wie ein „normales" Reden mit Gott. Jetzt werden Eindrücke ausgesprochen: „Ablehnung, Vergleich mit anderen". Elisa soll Ute die Hand auf die Stirn legen. Iman und Elisa beten, dass Utes Gedanken in Ordnung kommen sollen. Weitere Eindrücke für Ute folgen: „lebensverneinende Gedanken" und „Sehnsucht nach Beziehung". Sie solle sich als Frau so annehmen, wie sie ist.

Iman ermutigt Ute, die negativen Gedanken Gott gegenüber auszusprechen. Zunächst weiß Ute nicht, was Iman meint. Dann betet sie. Man spürt bei Ute eine große Erfahrung im Beten. Es folgen weitere Eindrücke in Form von Bildern. So sieht jemand vom Team, wie Ute einen Zwieback isst. Das Bild wird so ausgelegt, dass sich Ute auf dem Weg der Besserung befindet und dass sie schon etwas festere Speise verträgt. Das ist immerhin besser als Milchspeise (vgl. 1 Kor 3,2). Weitere prophetische Bilder folgen: „ein weißes Pferd" und „Ute gibt anderen Milchflaschen". Die Bilder werden wieder ausgelegt. Nach Utes Reaktionen zu urteilen, kann sie mit den Bildern und deren Auslegung „etwas anfangen". Jetzt, gegen Ende dieser ungefähr 45-minütigen „Sitzung", betet das Team noch für Heilung von Utes akuter Erkältung. Dann bittet Iman Elisa, dass sie Ute mit Öl „salbt", und mir erklärt er, dass kein Mann vom Gebetsteam einer Frau Hände auflegen soll, und umgekehrt natürlich auch nicht. Jetzt sind wir fertig mit beten und Iman fragt Ute, wie es ihr geht. Ute scheint sehr zufrieden zu sein und formuliert das auch so. Ich schaue mir das Gebetsprotokoll an, das Ute eingangs ausgefüllt hat. In der großen Spalte: „Gebetsanliegen in Stichpunkten" steht die Frage „Bin ich auf dem richtigen Weg?" Ich finde, dass ihr Gott durch die Bilder klar und deutlich geantwortet hat.

Es ist jetzt kurz vor 13 Uhr. Iman setzt sich hinter seinen Schreibtisch und checkt die heute eingegangenen E-Mails. Fünf Personen bitten um Fürbitte, weil sie krank sind. (Hautkrebs, Depression, Lungenembolie usw.) Die restlichen drei Mails sind Anfragen von Gemeinden, die gerne den Dienst des Teams in ihrer Gemeinde in Anspruch nehmen wollen. Bei einer Anfrage wird extra noch erwähnt, dass eine liebe Schwester das Team empfohlen hat, weil sie im „Centrum" von Depression geheilt wurde.

Ich wundere mich, dass so wenige Menschen wegen ihrer Nöte mailen, aber verhältnismäßig viele Gemeinden das Team einladen, und frage Iman, ob diese Quote normal ist. Er erklärt mir, dass natürlich nicht an allen Tagen gleich viele Bitten und Anfragen an sie gerichtet werden, bestätigt aber, dass die Gebetsteams für einen Gemeindeeinsatz doch recht häufig angefragt werden.

Herbert betritt das Büro und fragt mich, ob ich mitbeten möchte. Ich bejahe und folge ihm in einen Gebetsraum. Ein 18-jähriger junger Mann, für den wir beten dürfen, hat, so wird mir berichtet, „unten" bei Arne soeben Gott sein Leben übergeben. Wir begrüßen den jungen Mann und Herbert fängt sofort an zu beten. Ohne zu klopfen, öffnet Iman plötzlich die Tür und flüstert Herbert eine organisatorische Information zu. Herbert nickt und betet weiter als sei nichts gewesen. Noch einmal werden wir „gestört", als eine Frau ihre Handtasche sucht, aber Herbert fährt auch diesmal einfach fort. Mir fällt ein, dass sich eine ähnliche Störung auch vorhin, als ich mit Iman, Elisa und Melina gebetet habe, zugetragen hat. Da hat sich auch niemand vom Team beim Beten ablenken lassen. Eigentlich logisch. Wenn man gelernt hat, immer in Gottes Gegenwart zu bleiben, dann lenkt einen auch nichts mehr so schnell ab.

Herbert betet und gibt seine Eindrücke dem jungen Mann weiter. Immer klarer werden die Eindrücke von der Psyche und dem

Seelenleben des jungen Mannes. Die Atmosphäre hat sich verändert, weil die souveräne Gelassenheit einer konzentrierten, ja fast schon kämpferischen Gebetshaltung gewichen ist. Es ist spürbar, dass jetzt ein geistlicher Kampf ausgefochten wird, der in der Frage gipfelt, ob der junge Mann schon einmal mit dem Gedanken gespielt hat, sich das Leben zu nehmen. Der junge Mann bejaht. Herbert legt die Hände auf und betet, gebietet, erklärt, weist zurück, weist zurecht, segnet, dankt und ... als er dann das Amen sagt, ist der junge Mann sichtlich „durch den Wind", aber auch spürbar vom Heiligen Geist ergriffen.

Elisa wartet bereits im Nebenzimmer mit einer älteren Dame auf uns. Wir gehen unverzüglich zu ihr. Die ältere Dame erklärt uns nun, dass einige ihrer Kinder Probleme hätten, und bittet uns, für diese Kinder in die Fürbitte zu gehen. Aber das ist nicht im Sinne von Herbert. Sehr freundlich und überzeugend erklärt er der Dame, dass es sinnvoller sei, wenn sie für sich selber beten ließe. Noch einmal holt sie weit aus und erklärt uns ihre Sorgen um ihre Kinder. Elisa hört schweigend zu, weist uns aber im Anschluss darauf hin, dass die Dame nur mit uns für ihre Kinder beten wollte. Herbert macht einen neuen Versuch und fragt die Dame sehr liebevoll, ob wir nicht doch noch für sie beten dürften. Aber das scheint nicht der Fall zu sein, denn nun steht die Dame auf und gibt uns zu verstehen, dass sie jetzt gehen will. Das darf sie natürlich und wird sehr freundlich und überaus höflich zur Türe begleitet.

## Resümee

Am frühen Nachmittag befinde ich mich schon wieder auf der Heimfahrt. Es liegen schließlich noch 700 km Autofahrt vor mir. Also Zeit genug, das Erlebte noch einmal Revue passieren zu lassen.

Gegen 14.30 Uhr kam Dr. Elsen nach oben und hat sich erkundigt, wie der Vormittag verlaufen sei. Alle waren der Ansicht, dass es ein guter, normaler Vormittag war, und ich bin froh, dass ich nicht einen Ausnahmetag erwischt habe. Zu guter Letzt hat man noch für mich gebetet und mich dann sehr herzlich entlassen. Für das Gebetsteam ging es dann in die Mittagspause. Aber schon um 16 Uhr werden sie wieder am Start sein. Für weitere vier, fünf oder sogar sechs Stunden. Ich ziehe innerlich den Hut. Das ist schon sehr außergewöhnlich, zumal der heutige Tag keine Ausnahme darstellt und das Team über den eingehenden E-Mails betet, wenn niemand da ist, der für sich beten lassen will. Da gibt es keine „Verschnaufpausen". Wie hat doch Iman gesagt: „Das Gebet, also die ständige Kommunikation mit unserem Herrn, und die Anbetung sind uns sehr wichtig. Egal, was wir gerade machen." Dass Elisa und Herbert bereits in Rente sind und Iman vollzeitlich angestellt ist, schmälert ihren eindrucksvollen und hingegebenen Einsatz nicht im Geringsten.

Vor meinem inneren Auge betrachte ich nochmals das Gebäude in der Bramfelder Chaussee 242. Da ist die Praxis von Dr. Elsen im ersten Stock. Er bittet seine Patienten nach der Sprechstunde in den zweiten Stock, wo sie von Iman Munk „übernommen" werden. Das Formular wird ausgefüllt und es geht los. Selten bleibt es bei nur einer Gebetssitzung. Üblicherweise lassen die Personen ein oder zwei Wochen später nochmals für sich beten. Dann ist zum einen schon eine gewisse Zeit vergangen, in der Gott wirken konnte, und außerdem steht nun ein anderes Team für die Person bereit, das für sie betet und auf Gott hört. Es entsteht ein Prozess, in dem sowohl zeitliche Abstände als auch unterschiedliche Beter zusammenwirken und eine stabile Genesung enorm begünstigen. Die immer neuen Zusammensetzungen der Gebetsteams verhindern vorgefasste Meinungen über eine Person und erleichtern so das Hören auf Gott. Wie oft und in welchen Abständen für ihn gebetet werden soll, bestimmt jeder selbst.

In mir breitet sich ein Gefühl der Hoffnung und Zuversicht aus, wenn ich an das Glaubens-, Gebets-, Heilungs-, und Erweckungscentrum denke. Die machen das gut dort, denke ich, und wenn mir mal jemand begegnen sollte, der Hilfe braucht und im Norden wohnt, dann habe ich jetzt eine gute Adresse.

# KAPITEL 6

# Wunder so nach zwei bis drei Tagen

Ich erinnere mich an eine DVD, in der Dr. Elsen über Heilung spricht. Er sagt: „Jeder, der sich so einen Wecker holt und alle zehn Minuten für zwei Minuten preist und dankt, erlebt so nach zwei bis drei Tagen dramatische Zeichen und Wunder. Nicht nur, dass es einem so ein bisschen besser geht. Nein. Es werden dann erstaunliche Dinge passieren, wenn man das tagsüber zu 50–60 Prozent durchhält. Überall, wo ich nachgefragt habe", berichtet der Arzt weiter, „was denn nun durch das regelmäßige Gebet mit dem Wecker geworden ist, erzählt man mir das Gleiche. Nach nur zwei bis drei Tagen ist Gott schon voll am Wirken." Dr. Elsen berichtet weiter:

Ich habe das einmal in einem Hauskreis erzählt. Dieser Hauskreis wollte so ein bisschen mehr mit Gott erleben. Leider bin ich da zunächst auf Ablehnung gestoßen. „Das kann man so nicht sagen. Das ist viel zu gesetzlich. Bei Gott gibt es keine Regeln, und überhaupt, so geht das nicht", wurde mir erklärt. Da sagte ich, dass in der Schrift nun mal „allezeit" stehe. Da hieß es dann wieder nein und nochmals nein und wir haben uns fast gestritten. Dann sind wir alle nach Hause gegangen. Danach habe ich mich sehr geschämt und war ganz klein mit Hut und dachte: „Mann oh Mann, was hast du denn da gemacht. Die hast du ja völlig überfahren. Die sind ja noch gar nicht so weit. Da muss man vorsichtiger sein, bisschen langsamer." Da sagte der Herr Jesus zu mir: „Ne, es ist alles richtig, was du gesagt hast." Da habe ich gebetet: „Herr, was ich gemacht habe, war nicht richtig. Ich habe die überfahren und nachher bleiben sie vom Hauskreis fern." „Doch", sagte der Herr, „es war alles richtig." Da habe ich zu Jesus gesagt „Ne, ne, beim nächsten Hauskreis werde ich nicht mehr über Beten sprechen, sondern nur noch über Fußball."

Nun kam der nächste Hauskreisabend. Da kam der Hauskreisleiter zu mir und sagte: „Arne, du hast mir doch von dem Wecker erzählt. Also alle zehn Minuten danken und so." Da sagte ich ihm: „Ja schon, aber vergiss es einfach." Da sagte er mir, dass er mir unbedingt erzählen müsste, was passiert ist. Ich wollte aber nicht so recht. Er ließ aber nicht locker und berichtete Folgendes: „Ich bin hier hinausgegangen und hatte immer nur diese zehn Minuten im Kopf. Gleichzeitig hatte ich immer den Impuls, den Herrn zu loben und ihn zu preisen. Das ging etwa drei Tage lang. Als ich dann am vierten Tag abends von der Arbeit kam, saß unsere Tochter auf der Treppe. Sie war vor 18 Monaten ausgezogen, weil sie nichts mehr von uns wissen wollte. Sie hatte damals auch ihren Glauben an Jesus über Bord geworfen. Das hat uns beinahe das Herz gebrochen. Und wie gesagt, als ich heimkam, saß sie auf der Treppe und schrieb uns gerade einen Liebesbrief und warf sich uns in die Arme. Tränen flossen. Sie zog sofort wieder bei uns ein und nahm Jesus in ihr Leben auf. Ein Wunder ist geschehen. Halleluja. Preis dem Herrn."

Als Nächstes spricht mich eine Frau an, die auch diesen Hauskreis besucht. Sie sagt: „Also, ich bin hier hinausgegangen und habe, so wie Sie es uns erklärt haben, den Herrn gepriesen. Ich habe ihn gelobt und habe gedankt. Das ging alles irgendwie automatisch. Vielleicht zwei bis drei Tage habe ich das so praktiziert, als ich plötzlich bemerkt habe, dass sich meine Augen verändert haben. Sie müssen wissen, Herr Doktor, ich habe seit Jahren so eine Sehnerventzündung. Da fühlt man sich wie so zwischen blind und Schlieren sehen. Zudem muss ich Kortison einnehmen. Von klar sehen können also keine Spur. Wie gesagt, nach zwei bis drei Tagen danken und loben gehe ich so über die Straße und kann plötzlich klar sehen. Das muss man sich mal vorstellen. Da bin ich sofort zu meinem Augenarzt gegangen und habe mich untersuchen lassen. Der hat mir dann tatsächlich diagnostiziert, dass meine Augen jetzt gesund sind und ich zukünftig auch kein Kortison mehr brauche."

Es ist also offensichtlich so, denke ich, dass jeder Christ, der den Wecker zu dem Zweck einsetzt, um in Jesus Christus zu bleiben, Übernatürliches von „oben" empfängt. Dr. Elsen hat sich den Wecker zu Hilfe genommen, weil er gemerkt hat, dass er ohne den Wecker nicht „in Jesus" bleiben kann. Mit Hilfe des Weckers kann er „mit Jesus verbunden bleiben", und seine Patienten werden gesund, wenn er für sie betet. Die Bibel sagt dazu: *„Wenn ihr in mir bleibt und meine Worte in euch bleiben, so werdet ihr bitten, was ihr wollt, und es wird euch geschehen"* (Joh 15,7).

Starker Tobak, denke ich und beschließe, mir von Dr. Elsen Adressen von Leuten geben zu lassen, die auch Wunder mit dem Wecker erlebt haben. Mich interessieren ihre Geschichten. Und ich bin neugierig, wie sie mit dem Wecker umgegangen sind.

Also nehme ich erneut Kontakt zu Dr. Elsen auf und schildere ihm meine Absicht, Christen, die Erstaunliches mit „dem Wecker" erlebt haben, zu interviewen. Dr. Elsen findet die Idee gut und versichert mir, dass ich die Adressen bekomme.

Ich sehe mich bereits mit dem Diktiergerät durch das ganze Land reisen. Sehe mich Menschen besuchen in ihren Wohnzimmern auf dem Land oder bei Starbucks in der Großstadt. Ein Gefühl aufgeregter Vorfreude auf diese Leute und ihre Geschichten breitet sich in mir aus. Was für atemberaubende Zeugnisse der Großtaten Gottes darf ich mit dem Diktiergerät einfangen. Mit der Deutschlandkarte vor meinem inneren Auge beginne ich bereits meine Reisen zu planen. Es wird sicherlich schwierig werden, die richtigen Auswahlkriterien zu treffen. Denn, mehr als vier bis fünf Zeugnisse passen nicht ins Buch. Und für welche Zeugnisse soll ich mich dann entscheiden?

Leider erübrigt sich dieses Problem von ganz alleine. Denn eine Woche später werden mir die Personen genannt, die zu einem Interview bereit sind. Es sind drei. Ich melde mich bei Dr. Elsen, der mir versichert, dass noch weitere folgen werden. Um es kurz zu machen: Insgesamt ein knappes Dutzend Christen sind bereit, über die Wunder, die sie mit dem Herrn aufgrund des Weckers erlebt haben, zu berichten. Ich bin etwas enttäuscht. Das habe ich mir wirklich anders vorgestellt, zumal alle, die ich kenne, mit dem Wecker super Erfahrungen gemacht haben. Vielleicht nicht gerade eine Krebs- oder Aids-Heilung, aber dennoch haben alle innerhalb weniger Tage manchmal sogar weniger Stunden enorme Veränderungen erlebt. Alle haben erzählt, dass ihre Beziehung zu Jesus einen regelrechten Quantensprung gemacht hat. Hinzu kamen noch Ereignisse wie zum Beispiel: prophetische Träume, Begegnungen mit Menschen durch Gottes Führung oder geistliche Durchbrüche. Nicht selten erlebten Christen, die es mit dem Wecker ernsthaft versuchten, eine ganz besondere Nähe zum Herrn. Oder ihre Sichtweise zu Gott und den Menschen wurde buchstäblich von heute auf morgen korrigiert.

Vielleicht sind es nicht die spektakulären Zeichen und Wunder, die ich in meinem Umfeld gehört habe. Aber beim Erzählen hatten sie alle leuchtende Augen. Und jede(r) war ganz neu vom Herrn berührt.

Von Christen, die „echte Zeichen und Wunder" erlebt haben, will ich im Folgenden berichten. Es hat mir Freude bereitet, sie kennenzulernen und mit ihnen zu sprechen. Für ihre Offenheit und die Zustimmung zur Veröffentlichung ihrer persönlichen Zeugnisse bin ich ihnen sehr dankbar.

# KAPITEL 7

# „In Jesu Namen! Bauchschmerzen, ihr müsst jetzt gehen!"

## Interview mit Herbert

Herbert ist Anfang 50, etwa 1,90 m groß und sehr schlank. Er ist Inhaber zweier Handwerksbetriebe in der Holzbranche, also jemand, der mit beiden Beinen fest im Leben steht. Seinen Wecker trägt er immer bei sich. Heute trägt er ihn außen am Gürtel eines schicken Anzugs. Er hat mehrere solcher Wecker in unterschiedlichen Designs und Formen und erklärt mir: „Mit der Zeit gewöhnt man sich so sehr an das Signal des jeweiligen Modells, dass man gar nicht mehr reagiert. Das ist schlecht. Deshalb wechsele ich von Zeit zu Zeit das Fabrikat."

Wir sind schnell beim Du, und ich frage ihn, ob auch er krank gewesen sei. Er antwortet: „Bei mir wurde vor dreieinhalb Jahren Krebs diagnostiziert. Eine gläubige Bekannte hat mir daraufhin eine CD von Arne (Dr. Elsen) gegeben. Da habe ich bei mir gedacht: Genau da fährst du hin, da finden super Heilungen statt. Da lässt du für dich beten und dann ist das mit dem Krebs sowieso erledigt. Zu diesem Zeitpunkt war ich zwar schon Christ und besuchte regelmäßig die Gottesdienste, aber mein Glaube war damals noch nicht lebendig. Die ganze Hingabe zu Jesus kam erst, während ich mich regelmäßig mit Arne getroffen habe. Ich fuhr also zu Arne in die Praxis, wo er dann für mich gebetet und mir Einzelheiten aus meinem Leben gesagt hat, die er gar nicht wissen konnte. Der Herr sagte zu mir, dass er mich segnen und mir so viel geben werde, dass ich nicht mehr aufhören würde, ihn zu loben und zu preisen. Da habe ich gemerkt, dass Arne mit dem Herrn kommuniziert. Dann hat Arne noch gesagt, dass der Herr mich heilen wolle, mit oder ohne Bestrahlung. Das könne ich mir aussuchen. Aber er würde mich zu seiner Zeit heilen, weil ich ihm früher, als es mir gut ging, den Rücken zugekehrt hätte, was ja auch tatsächlich stimmte."

**Frage:** Konntest du damit umgehen?

**Antwort:** Ja, sehr gut sogar. Ich habe den anberaumten Bestrahlungstermin abgesagt, der genau zu dem Zeitpunkt stattgefunden hätte, als ich Arne besuchte. Das konnte dort niemand verstehen. Aber ich habe fest an die Zusage geglaubt, die mir Jesus gegeben hat.

**Frage:** Was für eine Art Krebs hattest du?

**Antwort:** Lymphdrüsenkrebs.

**Frage:** Wie ging's dann weiter?

**Antwort:** Ich bin dann regelmäßig zu Arne in die Sprechstunde gegangen. Aber nicht wegen der Krankheit, sondern weil der Herr mir durch Arne offenbarte, was er noch so alles mit mir vorhat. Es war wie ein Spiegel meines derzeitigen Lebens. Und Jesus hat da hineingesprochen.

**Frage:** Hat dir Dr. Elsen auch den Wecker empfohlen?

**Antwort:** Ja natürlich. Das ist derzeit mein aktueller Wecker. Der piept dann alle zehn Minuten. (Er zeigt mir seinen zweiten Wecker in Form einer Armbanduhr.) Vorher war es ein einfacheres Modell. Ich kann mich noch genau daran erinnern, wie ich mit dem Wecker begonnen habe. Es war an einem Freitagabend. Es klappte ganz hervorragend. Auch am darauffolgenden Samstag und Sonntag habe ich alle zehn Minuten, also immer wenn sich der Wecker gemeldet hat, gedankt und gepriesen und hatte eine gute Zeit. Die wahre Herausforderung kam dann am Montag, als ich an meinem Schreibtisch in der Firma saß. Immer mehr Problemfälle waren zu bewältigen. Die häuften sich regelrecht. Und dann piept das Ding (der Wecker). Und dann fängst du an anzubeten, obwohl du eigentlich an zehn bis zwanzig Sachen gedanklich gleichzeitig arbeitest. Zu allem Überfluss kommen noch weitere Aufgaben dazu. Also, in der Situation anzubeten war eine große Herausforderung für mich. Und auch sehr anstrengend.

**Frage:** Wie bist du denn mit dieser Herausforderung umgegangen?

**Antwort:** In dieser Phase hatte ich ja noch regelmäßige Termine bei Arne. Da hat Jesus zu mir gesagt: „Bete weiter an, und ich werde dich segnen und füllen. Je mehr du anbetest, desto mehr kann ich dich füllen." Das hat mich dann enorm motiviert und ich habe mich weiterhin sehr bemüht in der Anbetung. Leider wurden die Probleme in meinen Betrieben heftiger. Die haben sichtlich zugenommen. Zwangsläufig kam die Situation, dass ich erst das Problem lösen und dann anbeten wollte. Aber genau das war falsch. Ich habe darüber gebetet. Da hat der Herr gesagt. „Lass dich doch nicht immer ins Bockshorn jagen." Da ist mir klar geworden, dass Satan mir die Probleme schickt, damit ich aufhöre anzubeten. Am nächsten Tag bin ich dann sehr gestärkt wieder ins Büro gegangen und habe immer, wenn der Wecker sich gemeldet hat, auch angebetet, ungeachtet der Probleme. Mit der Zeit stellte ich fest, dass die Probleme kleiner werden, wenn ich treu anbete. Weil Jesus dann in den Problemen ist. Manchmal stellt sich auch heraus, dass es gar kein Problem gibt. Ich begriff so allmählich, dass durch das stete Gebet der Segensstrom vom Herrn da ist.

**Frage:** Du warst zu dem Zeitpunkt aber noch krank, oder?

**Antwort:** Ja, das war so: Arne sagte nach einem halben Jahr, er habe den Eindruck, dass Jesus will, dass ich noch einmal diesen

Arzt aufsuche. Ich solle mich aber nicht wundern, wenn der Krebs noch da wäre. Als ich bei dem Arzt war, wurde ich gefragt, was die Bestrahlung so mache. Ich sagte ihm, es gäbe keine Bestrahlung, sondern Jesus würde mich heilen. Darauf hat er nichts gesagt. Nachdem er die Magenspiegelung gemacht hatte, rief er mich ganz aufgeregt in sein Sprechzimmer und sagte. „Der Tumor ist um ein vielfaches größer geworden. Wenn Sie sich jetzt nicht operieren oder bestrahlen lassen, dann hat sich das binnen drei Monaten von selbst erledigt. Dann sind Sie nämlich tot." Ich sagte dem Arzt, dass ich darüber nachdenken werde, bin aber gleich zu dem Schluss gekommen, dass ich mich nicht behandeln lassen würde, weil ich mir sicher war, dass mich Jesus heilen würde. Die Diagnose war zwar menschlich gesehen richtig, aber ich habe sie nicht angenommen. Als ich das nächste Mal bei Arne war, hatte er als Arzt Bedenken, ob es nicht unverantwortlich sei, sich nicht behandeln zu lassen. Daraufhin haben wir gebetet und der Herr bekräftigte seine Zusage und sagte mir, dass er meinen Glauben sieht und mich deshalb segnen und heilen wird. Und Jesus sagte weiter, dass ich ihm alle meine Sorgen und Nöte abgeben soll. Das habe ich dann abends gemacht und durfte erleben, wie die Last wie ein Bleimantel von mir abfiel.

Lymphdrüsenkrebs hat ja auch so mit dem Bauch zu tun. Und ich hatte starke Bauchschmerzen, konnte aber nicht zum Arzt gehen, weil der ja dann gesagt hätte, ich müsse zur Bestrahlung gehen. Also habe ich mich mit Arne getroffen, damit er für mich betet. Danach waren die Bauchschmerzen weg. Arne hat mir dann eindringlich geraten, dass ich die Schmerzen nicht wieder annehmen soll. Als ich im Auto war, meldeten sich die Bauchschmerzen wieder. Daraufhin sagte ich: „In Jesu Namen, Bauchschmerzen, ihr müsst jetzt gehen!" Dann waren die Schmerzen weg. Weitere hundert Meter später kamen sie wieder und ich habe sie im Namen Jesu wieder fortgeschickt. So ging das Spiel stundenlang, ja tagelang, bis sie dann endgültig weg waren.

**Frage:** Wie ist dein gesundheitlicher Zustand heute?

**Antwort:** Mittlerweile bin ich vom Krebs geheilt. Es gab zwar mehrere „Angriffe", aber ich habe immer an das geglaubt, was mir der Herr gesagt hat: dass er mich segnen und heilen will. Und so durfte ich erleben, dass der Herr seine Zusagen erfüllt.

In dieser Zeit habe ich mit Arne viele segensreiche Gebetszeiten erlebt, wo mir der Herr unter anderem auch angekündigt hat, was er mit mir vorhat. Er hat mir gesagt, dass ich Menschen heilen und befreien und seine Werke tun werde. Und das schon früher, als ich mir das vorstellen könnte. Zwei Monate später bin ich dann zum ersten Mal mit Arne zu einem Heilungswochenende mitgereist und wurde so zu Arnes Mitarbeiter. Das war der erste von mittlerweile siebzig Einsätzen, bei denen sehr viele Menschen, für die ich beten durfte, geheilt wurden.

**Frage:** Hat sich, seit du den Wecker für die Anbetung nimmst, etwas in deinen Betrieben verändert?

**Antwort:** Ich habe achtzehn Mitarbeiter. Davon haben sich mittlerweile neun bekehrt. Mein Meister, der auch Christ ist, nimmt seit geraumer Zeit ebenfalls den Wecker. Manchmal beten wir auch gemeinsam. Wenn dann Anrufe kommen, sagt meine noch ungläubige Sekretärin, wir könnten im Moment nicht ans Telefon, weil wir im Gebet seien (schmunzelt). Ein anderes Beispiel, wie der Herr in meinen Betrieben wirkt, ist, wenn ich große Angebote zur Ausarbeitung bekomme. Dann frage ich den Herrn, welche ich ausfüllen soll und welche nicht. Er sagt es mir dann, und das spart mir eine Menge Zeit. Überhaupt habe ich meine Firmen ganz dem Herrn geweiht. Jeden Morgen sage ich, dass der Herr hier schalten und walten kann und soll, wie er will. So passieren Dinge wie zum Beispiel, dass eine Architektin kommt und mit mir ein Angebot durchspricht. Nach vier Stunden habe ich den Auftrag und sie Jesus. Ein anderes Mal kommt morgens ein Holzvertreter ohne vorherige Terminabsprache und will mich sprechen. Ich muss ihn aber leider abweisen, weil ich keine Zeit habe. Er entgegnet mir, er habe sich die CD von Arne angehört und sie sehr erstaunlich gefunden. Daraufhin bat ich ihn dann doch herein und wir sprachen über die CD. Nach gefühlten fünf Minuten übergab er dann sein Leben Jesus. Vier Stunden später besuchte mich eine Beschlagsvertreterin, ohne dass sie einen Termin hatte. Weil wir uns noch nicht kannten, wollte ich sie nicht gleich abweisen und ihr eine Minute Zeit geben. Es wurden zwanzig, und auch sie hat dann Jesus ihr Leben übergeben. Jedes Mal, wenn sie geschäftlich in der Nähe ist und mich besucht, beten wir zusammen. Dies ist kein Einzelfall. Es haben sich schon über fünfzig Personen bekehrt.

**Frage:** Durch das regelmäßige Beten mit dem Wecker hat sich bei dir also eine Menge getan.

**Antwort:** Ja, Jesus hat mein Leben um 180 Grad verändert. Ich kenne keine Ängste mehr, sondern habe wieder eine Freude, die ich lange nicht mehr hatte. Zudem habe ich in Jesus Geborgenheit und Frieden, obwohl ich zwei Jobs mache, mit Arne am Wochenende unterwegs bin und zudem noch meinen Haushalt versorgen muss. Mit Jesus ist alles möglich.

Vielen Dank, Herbert, für das Interview.

# KAPITEL 8

# Der Wecker in bester Gesellschaft

Der Wecker ist für alle Christen mit Sicherheit eine große Herausforderung. Allein schon der Gedanke, dass man alle zehn Minuten loben und danken „will", schreckt doch viele Christen ab. Nicht, dass man nicht beten wollte. Nein. Es ist die hohe Frequenz bzw. Taktung, die einen vor solch einem Versuch abschreckt. Man fängt an, sich auszumalen, wie das wohl im Alltag zu bewältigen sein wird, und stellt dann fest, dass es einem zunächst einmal unmöglich erscheint. Man trifft dann irgendwann eine Entscheidung, und diejenigen, die sich den Wecker nicht zutrauen, finden dann die Idee alle 10 Minuten zu beten irgendwie nicht so gut bzw. für sich nicht so geeignet. Nach meinen Erfahrungen leiden sie aber dennoch etwas unter ihrem Entschluss und fühlen sich wie kleine Versager. Diese Einstellung ist aber nicht richtig, weil unser Christsein auf der Tatsache beruht, dass Jesus Christus für uns gestorben ist, und nicht darauf, dass wir etwas zu leisten imstande sind.

Die Beziehung zu Jesus ist die Grundlage unseres Christseins und eben nicht ein super organisiertes Gebetsleben. Aber leider haben wir mit der Beziehung zu Jesus so unsere Probleme. Und genau da kann der Wecker helfen. Nicht als mahnende Vibration Gottes, die unser schlechtes Gewissen oder unsere immer noch vorhandene Religiosität aufdeckt. Eben nicht. Und auch nicht als imaginäre Spielwiese religiöser Fanatiker, die den Wecker benützen, als wäre er die Peitsche der Mönche, die sich im Mittelalter damit kasteiten. Der Wecker ist und bleibt ein Instrument, das wir so einsetzen und benutzen, wie es unserer Beziehung mit Jesus guttut. Denn der Wecker mahnt nicht, er drängt sich nicht auf und er bringt auch keine geistlichen Höchstleistungen in uns und mit uns zustande. Der Wecker meldet sich lediglich wann und wo WIR!! wollen.

## Wachsen im Glauben

Die Bibel spricht ganz klar von Wachstum. Die Formulierungen diesbezüglich reichen von „Milchspeise" (vgl. 1 Kor 3,2) bis zu „Märtyrertod" (vgl. Hebr 12,4). Wer die Entscheidung, Jesus ernsthaft nachzufolgen, getroffen hat, will auch wachsen und weiterkommen. Und das ist auch möglich, wenn man das Glück hat, zu einer lebendigen Gemeinde gehören zu dürfen, oder wenn man jemanden kennt, der über genügend geistliche Reife verfügt, um einen zu führen und weiterzubringen. Dann kann man wachsen und reifen. Gute, geisterfüllte Bücher zu lesen und die Bibel zu studieren, ist natürlich immer nützlich und schafft die nötige Basis und Grundlage unseres Christseins, ist aber grundsätzlich theoretischer Natur. Wie schon gesagt, braucht es zur ernsthaften Nachfolge Jüngerschaft. Wenn dem nicht so ist, dann bleiben in aller Regel nur Kongresse, Einkehrtage oder Fastenwochenenden usw., um „aufzutanken" und geistlich weiterzukommen. So, und jetzt kommt wieder der Wecker ins Spiel. Mit ihm hat man nun die Möglichkeit zu wachsen, ohne dass einem unbedingt eine funktionierende Gemeinde zur Seite steht. Jeder kann nun seine eigene Frömmigkeit testen und optimieren.

Klingt etwas komisch, dieses „Frömmigkeit testen", ist aber echt gut, weil man sich durch das zehnminütige Signal quasi einen Spiegel vorhält und selbst merkt, wo und wann man mit oder ohne Gott unterwegs war. Zudem klingt „Frömmigkeit" etwas altmodisch und „testen" recht rotzig. Und genau so ist es auch gemeint. Frech und frei und doch ernsthaft, aber dennoch nicht gesetzlich. Man darf durch seine Ernsthaftigkeit in der Nachfolge seine Freiheit nicht verlieren. Gott hat uns durch den Tod seines geliebten Sohnes freigekauft. Und er will nicht, dass wir diese Freiheit wieder verlieren (vgl. Galaterbrief: *„Zur Freiheit hat euch Christus befreit ... "*). In dieser Freiheit darf man sich ruhig einmal selbst testen. Das gibt so eine wohltuend sportliche Note. Fernab von „Muss" und „Soll"! Und es ist ein richtiges Abenteuer. Also, diejenigen, die sich den Wecker zutrauen, begeben sich regelrecht in ein Abenteuer; in ein Abenteuer mit sich selbst, ihrer Umwelt und natürlich mit Gott. Bei aller Ernsthaftigkeit, die so einem Entschluss zwangsläufig zugrunde liegt, darf aber die Freiheit und Lockerheit nicht zu kurz kommen. Wer es schafft, selbstironisch und witzig (ich meine hier nicht spöttelnd) mit dem Wecker umzugehen, der tritt auch nicht in die Falle, in Zwänge zu geraten und sich und Gott etwas beweisen zu müssen. Wer daher locker aber dennoch ernsthaft den Wecker einsetzt, darf mit Sicherheit davon ausgehen, dass er geistlich „weiterkommt".

## Der Wecker als Hilfsmittel in „bester" Gesellschaft

Die Frage drängt sich auf: Wie behelfen sich andere Gläubige, um im Gebet zu bleiben?

Mir hat vor etlichen Jahren ein weiser Mann folgenden Rat gegeben: „Mache dir einen Knoten in dein Taschentuch. So oft du diesen Knoten berührst, denkst du dann ans Gebet." Dieser gute Rat geht schon in Richtung Wecker, ist aber eigentlich viel älteren Ursprungs. Genaugenommen entspringt er der Bibel. In 4. Mose 15,37-41 lesen wir: *„Und der Herr sprach zu Mose: ... dass sie sich eine Quaste an den Zipfeln ihrer Oberkleider machen sollen ... Und das soll euch zur (Merk)quaste werden und ihr sollt sie ansehen und dabei an alle Gebote des Herrn denken."* Mit dem Knoten im Taschentuch habe ich zugegebenermaßen viel mehr als vorher gebetet. Der Nachteil ist aber, dass man tatsächlich stundenlang nicht in seine Tasche greift und dann eben auch nicht ans Gebet erinnert wird. Zudem geht der Zeugnisfaktor gegen null.

Ein weiteres Hilfsmittel ist ein Armbändchen mit dem Aufdruck WWJD („What Would Jesus Do?"), das einem bei evangelikalen Jugendlichen in den letzten Jahren öfter aufgefallen ist. Was würde jetzt, in dieser Situation, Jesus tun, bedeutet die Abkürzung auf dem Armbändchen, das sich fast wie eine Internetadresse liest. Sooft also mein Blick auf das Armbändchen fällt, stelle ich mir vor, was jetzt Jesus an meiner Stelle machen würde. Eigentlich eine gute und auch logische Möglichkeit, das Gebet und die Nachfolge anhaltend zu pflegen. Leider ist das aber nicht immer machbar. Erstens, weil Jesus immer mit seinem Vater im Himmel verbunden war und wir nur staunend diese Tatsache zur Kenntnis nehmen können. Und weil wir zweitens oftmals nicht in der Lage sind, das zu tun, was Jesus tat, zum Beispiel Pharisäern mal so richtig die Meinung zu sagen oder eben mit einem Wort eine Legion Dämonen auszutreiben. Sehr gut an dem Armbändchen ist, dass es, ganz ähnlich wie der Wecker, einen enormen „Zeugnischarakter" hat. Wird man nach dem Armbändchen und dessen eigenartiger Abkürzung gefragt, kann man leicht und ungezwungen über seinen Glauben reden. Gute Sache. Nicht ganz so gut ist aber die Tatsache, dass das Armbändchen schnell zur Gewohnheit wird und man es daher nicht mehr beachtet.

Es gibt in vielen verschiedenen Religionen und quasi durch alle zeitlichen Epochen hindurch „Hilfsmittel", also Gebetsschnüre bzw. Gebetsketten oder Ähnliches. Die bereits erwähnten Gebetsquasten im Judentum werden in 4. Mose 15,37-41 und in 5. Mose 22,12 erwähnt. Durch die Gebetsquasten entstand der Tallit, ein Gebetsmantel, der aber bei erwachsenen Juden ab der Neuzeit nur noch beim Morgengebet getragen wird. Der eigentliche Sinn, den Gott mit den Gebetsquasten vorhatte, sein Volk nämlich vor Sünde und Abtrünnigkeit zu schützen, indem es an das Gesetz erinnert wird, ist mit dem Gebrauch des Tallits leider begraben. Übriggeblieben ist also nur ein religiöses Ritual. Das ist leider die ganz große Gefahr bei allen theistischen Hilfsmitteln: dass sie durch Gewohnheit zum religiösen Relikt verkümmern.

## Der Timer und seine Taktung

Dr. Elsen ist bei seinen Recherchen auf eine Taktung von zehn Minuten gekommen. Das soll aber kein Dogma darstellen. Jeder kann den Wecker auf „seine" Zeit einstellen und darf erleben, wie sich dann das Gebetsleben verändert. Dr. Elsen hat in der Anfangszeit und „Testphase" die Taktung der im Versuch befindlichen Christen, die den Wecker damals „austesteten", immer kürzer stellen lassen. Angefangen von einer Stunde, bis hin zu den genannten zehn Minuten, bei denen sich dann erstaunliche Dinge zugetragen haben. Zu erwähnen wäre allerdings noch, dass, wenn man die Taktung von zehn Minuten konsequent umsetzt, unser Gebetsleben so intensiv wird, dass es eine volle und ganze Hingabe an Jesus braucht. Ein halbherziger Versuch scheitert in aller Regel ganz schnell und hinterlässt dann dummerweise auch noch das Gefühl, versagt zu haben.

Dr. Elsen betont immer, dass die Herzenshaltung ganz wichtig sei. Er will damit sagen, dass man reinen Herzens den Wecker benutzen soll. Also nicht, um schnelle weltliche oder auch geistliche Erfolge verzeichnen zu können. Man soll auch nicht die biblischen Prinzipien für seine egoistischen Ziele anwenden, sondern unseren Herrn und Gott in aller Demut und Bescheidenheit anbeten. Damit ist eigentlich alles gesagt. Jeder Christ befindet sich exakt am richtigen Punkt, wenn er anbetet, d. h. lobt, preist und dankt. Man ist dann definitiv am Ziel, nämlich in der Gemeinschaft mit unserem Herrn und Gott. In diesem Zustand der Verbundenheit mit Jesus wird dann deutlich, was das Wort Gottes meint, wenn es sagt, dass wir in dieser Welt, aber nicht von dieser Welt sind (vgl. Joh 17,15-16). Wie schon erwähnt: Viel mehr als die Gemeinschaft mit Jesus braucht niemand, denn aus dieser Gemeinschaft resultiert dann der Dienst, die Liebe zu unserem Herrn, unsere Haltung und unser Bewusstsein, also letzten Endes unser Christsein. Gute Lehre, Gemeinschaft mit anderen Christen usw. gehören natürlich auch noch dazu.

# KAPITEL 9

# Der gehört doch auch zu dieser Sekte ...

## Mein Erfahrungsbericht

Da liegt er nun, mein Wecker, mit dem ich mich ab morgen in mein geistliches Abenteuer stürzen will. Mein Wecker trägt den Schriftzug GYMBOSS und wurde mir von einem Freund geschenkt, der ihn für 14,90 Euro plus Versand im Internet erstanden hat. Die Funktionen einzustellen ist recht einfach, sollte aber auch beherrscht werden, weil sich der Wecker, wenn man ihn beispielsweise in der Hosentasche trägt, oft verstellt. Da ist es dann ganz sinnvoll, wenn man keine Gebrauchsanweisung mehr braucht.

Da liegt er also, der Wecker, und glotzt mich an, als wolle er sagen: „Dich schaffe ich auch noch." Und so ganz Unrecht hat er nicht. Bei aller guter Absicht und frei von jeglichem Druck, schmiedet sich bereits jetzt mein Hirn Notausgänge und Argumente für ein Nichtbeachten des Vibrationsalarms. Das darf ja wohl nicht wahr sein, halte ich dagegen, ich muss doch meinem Herrn und mir gar nichts beweisen. Ich will nur sehen, ob sich bei mir und in meinem geistlichen Leben, in der Beziehung zu Jesus, dem Vater und dem Heiligen Geist, etwas verändert. Und ich brenne darauf zu erfahren, was es ist. Aber jetzt schon nach Auswegen zu suchen, ist komplett daneben. Also beschließe ich noch einmal, es morgen ganz cool, aber dennoch ernsthaft anzugehen, und drücke das auch in einem Gebet aus. Jetzt ist es besser!

Es ist Morgen und ich stehe auf. Der Wecker kommt mir sofort ins Gedächtnis. Es kribbelt etwas in der Magengegend, als ich ihn „scharf" mache. Und dann bete ich auch schon. Das ist nichts Neues, das mache ich sowieso jeden Morgen als Erstes. Jetzt vibriert es schon wieder. Klar! Ich habe beim ersten Mal zu lange gebetet, etwa acht statt zwei Minuten, da ist die Pause dann ziemlich kurz. *Pause,* denke ich. *Pause (!) – ich brauch doch von Jesus keine Pause.* „Herr", bete ich, „ich will mit dir doch immer zusammen sein, nicht zwei Minuten und dann acht Minuten Pause." Beim dritten Alarm trinke ich gerade meinen Kaffee. Im Stehen und ex, wie immer. Mein Gebet begleitet mich zum Auto. Zugegeben, es ist schon ein gutes Gefühl, die erste halbe Stunde des Tages im Gebet zu verbringen (ich habe nicht mehr auf den Alarm geachtet, sondern einfach weitergebetet) und zu spüren, wie der Heilige Geist da ist. Das ist zwar nicht neu, aber immer noch das Größte. Im Auto mache ich das, was ich für gewöhnlich morgens im Auto immer mache. Ich spreche mit Jesus über den Tag, über das, was mich belastet oder freut. Da darf der Wecker dazwischen klingeln wie er will. Das stört mich dann auch nicht.

Als technischer Vertriebsmensch hat man täglich etwa acht Termine. Morgens vier und Nachmittags ebenfalls vier oder auch mal fünf. Die Zeit im Auto lässt sich da sehr gut nutzen, um Telefonate zu führen, E-Mails zu checken, aber auch Lobpreis-CDs, Predigtreihen oder auch die Heilungs-CD von Billy Smith anzuhören oder einfach für seinen nächsten Kunden zu beten. Was aber geht in einem vor, wenn man beim Kunden sitzt und der Vibrationsalarm losgeht? Meine Kunden kennen meine „fromme" Einstellung. Mit den meisten habe ich schon sehr ausführlich über Jesus gesprochen. Aber das mit dem Wecker ist für uns beide, also meine Kunden und mich, neu. Na, da bin ich aber mal gespannt.

Nun sitze ich also bei meinem ersten Kunden an diesem Tag im Besprechungszimmer. Wir reden gerade über die wirtschaftliche Situation im sogenannten Stuttgarter Speckgürtel, da spüre ich den Alarm. Von meinem Zeitgefühl her habe ich wohl den Alarm davor nicht registriert. Aber den gerade eben schon. Und wie!!

Innerhalb weniger Millisekunden breitet sich bei mir ein Gefühl aus, das ich eigentlich zum letzten Mal beim Abschreiben in der Schule erlebt habe. Ich fühle mich ertappt und sehr in der Defensive. Ich erahne, wie es Petrus in jener verhängnisvollen Nacht ergangen ist, als die Magd auf ihn gezeigt hat mit den Worten: „Der gehört doch auch dazu." Vor meinem geistigen Auge sehe ich, wie sich die Türe ins Besucherzimmer öffnet und die blonde Sekretärin mit ihren rot lackierten Fingernägeln auf mich zeigt und keift: „Der gehört doch auch zu dieser Sekte. Der hat doch auch so einen Fisch am Auto kleben. Der tickt doch nicht ganz richtig."

Mein geistiges Auge schließt sich wieder und schluckt zum Glück auch die roten Fingernägel. Noch mal Glück gehabt, denke ich, und bemerke auch gleich, dass ich gekniffen habe. Jetzt kommen auch noch Schuldgefühle in mir hoch. Mein Herzschlag hat schon längst die Jagd auf die roten Fingernägel aufgenommen. Schweißperlen veranstalten ein Wettrennen auf meinem Rücken. Gut, dass ich ein Jackett anhabe, da sieht man die Schweißflecken nicht. Und gut, dass mein Gegenüber nicht Gedanken lesen kann, denn sonst ... Ja was denn eigentlich? Habe ich etwas zu verbergen? Führe ich etwas Böses im Schilde? Habe ich nicht die beste Botschaft, den einzigen Weg, die Rettung anzubieten?!

Langsam, nach einer gefühlten Ewigkeit, habe ich den Kopf wieder oben. Die letzten Fetzen der Panik verwehen wie Nebelschauer, wenn die Sonne aufgeht, und ich habe wieder Mut gefasst. Zu was eigentlich? Stimmt ja, ich wollte ja nur beten. Und dann so eine Panikattacke?! Im Nachhinein kommt mir mein Verhalten komisch vor. Aber komisch schaut mich auch mein Gegenüber an, der wie aus dem Nichts wieder aufgetaucht ist. Wo waren wir stehengeblieben? Ach ja, die wirtschaftliche Situation. Ich versuche irgendetwas ganz Gescheites dazu beizutragen, verheddere mich aber so gewaltig, dass mir nichts anderes mehr übrigbleibt, als das Thema auf den Umsatz zu lenken und mein iPad aufzuschlagen. Das geht immer. Jetzt noch ein sorgenvolles oder zufriedenes Gesicht aufziehen, je nachdem, wie die Zahlen aussehen, und die Situation ist gerettet.

Denkste. Der Vibrationsalarm hat wieder unerbittlich zugeschlagen. Von jetzt auf gleich geht die Rallye an meinem Rücken von Neuem los und ich höre das Kratzen roter Fingernägel an der Tür. Aber dieses Mal bin ich schlauer. Ich fange ungeachtet der Umstände an zu beten. Natürlich leise. Und auch nicht zwei oder drei Minuten. Eher zwei oder drei Sekunden. Sofort fühle ich mich besser. Nicht deshalb, weil ich jetzt gebetet, also Wunder was zustande gebracht hatte. Nein, das wäre ja lächerlich. Ich fühle mich gut, weil jetzt die Verbindung zum Herrn wieder da ist.

Wieder im Auto, mache ich mir Gedanken über das, was gerade passiert ist. Ich habe eigentlich schon lange keine Menschenfurcht mehr. Umso erstaunlicher empfinde ich meine Reaktion. Klar, der Wecker hat mich überrascht und ich war in einer ungewohnten Situation. Okay. Aber dann Panik zu schieben ist doch wirklich seltsam. Ich rede mit Jesus darüber. Unterdessen meldet sich der Wecker wieder. Darf er, ich bete ja. Ich bitte meinen Herrn im Gebet um Weisheit im Umgang mit dem Wecker und auch gegenüber meinen Kunden. Sofort merke ich, wie mir der Heilige Geist Kühnheit und Zuversicht schenkt.

Als mir die Tür zum Büro meines nächsten Kunden geöffnet wird, habe ich längst für diese Situation gebetet. Tatsächlich betet es in mir auch weiter. Wir sprechen Geschäftliches und Privates. Mit meinem Gegenüber bin ich noch per Sie und konnte noch nicht wirklich offen über den Glauben an Jesus Christus sprechen. Parallel zu unserem Gespräch bitte ich den Herrn, dass er mir eine Gelegenheit gibt, über ihn zu sprechen, denn aus Erfahrung weiß ich, dass die Situation, wenn sie vom Herrn vorbereitet wird, nicht aufdringlich oder peinlich ist.

Der Wecker meldet sich. Dieses Mal freue ich mich darüber und sage es dem Herrn. Mittlerweile berichtet mir mein Gegenüber, dass er mit einer schweren Krankheit zu kämpfen hat. Das ist neu für mich. Vielleicht ist das die Gelegenheit, um über Heilungen durchs Gebet zu sprechen. Ganz vorsichtig taste ich mich an das

Thema ran. Ich erzähle ihm von einer durch Ärzte bescheinigte unheilbare Verletzung meines Sohnes. Und dass Jesus diese Verletzung im wahrsten Sinne von heute auf morgen geheilt hat. Mein Gegenüber hört zu und wundert sich. Ich spüre, wie er innerlich aufmacht. Unterdessen klatscht der Wecker Beifall. Sehr herzlich werde ich an der Türe verabschiedet. Beide bekommen wir irgendwie das Grinsen nicht mehr aus unseren Gesichtern.

Jetzt läuft's, denke ich, wieder am Steuer meines Wagens. Jetzt fühle ich mich wirklich mit Jesus verbunden. Meine Gebete sind voller Danksagung und Begeisterung. In meiner Brust hat sich ein Gefühl ausgebreitet, das ich von sehr schönen Anbetungszeiten oder von geisterfüllten Kongressen her kenne. Es ist eine Mischung aus überschwänglicher Freude und dem sicheren Gefühl, dass einem durch den Namen Jesus Christus alles gelingen wird.

Es ist Mittagszeit. Auf dem Weg zum nächsten Kunden meldet sich wie aus dem Nichts die Gewohnheit, das Radio einzuschalten. DLF oder D-Kultur. Das erspart das Zeitunglesen. Ich lasse das Radio aus. Zu groß ist die Befürchtung, dass die Verbindung zu Jesus wieder abreißt. Zudem habe ich gemerkt, dass es ziemlich anstrengend ist, sich vom Wecker „wecken" zu lassen. Da ist es besser, man bleibt gleich im Gebet. Aber jetzt wird's zäh. Mir wird bewusst, dass ich vormittags schon immer mehr gebetet habe als am Nachmittag.

Wie aus dem Nichts schlägt der Wecker wieder zu. Jetzt heißt es kämpfen. Meine Euphorie vom Vormittag ist längst weg. Ich will es weiterhin schaffen, alle zehn Minuten zu beten. Aber es gelingt mir nur, wenn ich neben dem Gebet wirklich bloß das Nötigste zulasse, wenn ich die Verbindung zu Jesus erst gar nicht unterbreche. Ich werde quasi gezwungen, den Herrn an absolut erste Stelle zu setzen, weil alles andere vom Wecker weggeräumt wird. Andernfalls muss ich den Wecker ausmachen oder ignorieren. Aber das will ich nicht. Ich will wenigstens den ersten Tag „schaffen". Also versuche ich schon fast krampfhaft im Herrn zu bleiben, damit mich der V-Alarm nicht jedes Mal aus einer anderen Welt reißt. Ich erlaube mir nicht einmal Musik zu hören, geschweige denn Wortradio oder Nachrichten. Nicht einmal meinen eigenen Gedanken hänge ich nach, weil dann der Sprung zum Gebet zu groß ist.

Das kann ja heiter werden die nächsten Tage und Wochen, denke ich. Erst am späten Nachmittag merke ich, dass es sich gelohnt hat zu kämpfen. Das Grinsen ist wieder da. Ich fühle mich sehr wohl und „connected". Das Loben und Danken, die Gebete gehen mir wieder leichter über die Lippen. So ist das also. Da muss man gegen seine Gewohnheiten ankämpfen oder besser gesagt, das Gebet muss zur Gewohnheit werden. Das allerdings klingt logisch und macht Sinn.

Zu Hause angekommen, werde ich von meiner Frau natürlich gefragt, wie es mit dem Wecker „gelaufen" ist. Ich höre mir zu, wie ich eigentlich nur die guten Situationen schildere. Dass es fürchterlich anstrengend war, höre ich mich nicht sagen. Dass man sich komplett von der Welt verabschieden muss, auch nicht.

Wir essen zu Abend. Auch jetzt gibt der Wecker keine Ruhe, aber es ist einfacher. Zwischen dem Salzen der Tomaten und dem Beißen vom Käsebrot lässt sich gut ein leises Gebet sprechen. Zumal wir den Wecker zu Hause gegen eine viertelstündlich schlagende Wanduhr getauscht haben. So haben alle, die sich bei uns aufhalten, eine normale Atmosphäre und werden nicht alle zehn Minuten an etwas erinnert, das sie vielleicht so gar nicht wollen.

Der Abend nimmt seinen Lauf. Man redet miteinander. Das Ding-Dang-Dong jede Viertelstunde stört eigentlich nicht, aber es erinnert mich doch mehr als ich gedacht habe an das Gebet. Heute kommt Fußball im Fernsehen. Das Spiel ist zugegebenermaßen eher langweilig, aber ich fühle mich trotzdem von meiner Wanduhr belästigt. Komisch, immer wenn mich der Wecker bzw. in diesem Fall die Wanduhr nervt, wird mir klar, dass ich in der oder einer ähnlichen Situation das Gebet nicht gepflegt habe. Ich habe also, wenn überhaupt, nur selten beim Fußballgucken gebetet. Nachdem der Fernseher wieder ausgeschaltet ist, ist alles wieder ganz easy. Am Ende jeden Tages habe ich ohnehin schon immer gebetet. Das ist zur Gewohnheit geworden und nicht mehr wegzudenken.

Der nächste Tag gleicht in etwa dem ersten, nur dass ich mich nicht mehr vom Wecker überraschen lasse. Dadurch, dass ich nahezu alle Aktivitäten wie z. B. Radio hören oder Tagträume ruhen lasse und nur mit Jesus in Verbindung bleiben will, überrascht mich der Wecker eigentlich nicht mehr. Man betet und fühlt sich wirklich gut dabei; aber der Preis ist hoch. Ich frage mich, ob das so bleibt oder ob sich eine gewisse Routine einstellt und man wieder „normal" leben kann.

## Grenzen

Heute ist Freitag. Freitagnachmittags finden die wöchentlichen Besprechungen und Schulungen in unserer Firma statt. Mutig stecke ich mir meinen Wecker in die Hosentasche und schwitze etwas bei dem Gedanken „erwischt" zu werden. Es fühlt sich an, als würde ich etwas Verbotenes machen. Dabei weiß jeder im Betrieb, dass ich Christ bin. Trotzdem ist es ein komisches Gefühl. Und ich kann nicht einmal offensiv werden. Man kann ja nicht mit dem Wecker in der Hand allen beweisen wollen, dass man es mit dem Gebet ernst nimmt. Einen Fisch aufs Auto kleben, ist schon wesentlich einfacher.

Heute ist eine Besprechung angesagt. Nach dem zweiten Vibrationsalarm dreht sich mein Tischnachbar zu mir hin und seine Augen sagen: „Mach' halt endlich dein Handy aus." Ich mache den Wecker aus.

Ich glaub es gibt Situationen, wo die Nächstenliebe höher einzustufen ist als meine Bemühung, regelmäßig zu beten.

## Wochenende

Samstagvormittag ist unser, besser gesagt mein Einkaufstag, wenn im Garten nichts Dringendes zu tun ist. Im Garten ist alles okay, daher bespreche ich mit meiner Frau den Einkaufszettel. Dazwischen immer wieder ein Schluck Kaffee und der Impuls unserer „Wanduhr". Ziemlich easy. Die Kaffeetasse ist nun leer und die Einkaufsliste voll. Ich mache mich auf den Weg und meinen Wecker an.

Beim Metzger muss ich anstehen. Der Wecker meldet sich. Ich bete für die Leute um mich herum und merke, dass das richtig Sinn und Spaß macht. Dann meldet sich der Wecker wieder im Auto und in der Schlange vor der Kasse im Supermarkt. Ich danke und preise den Herrn, auch, weil es mir komplett gut geht. Mein Herz ist tatsächlich richtig voll und ich ertappe mich dabei, ohne Wecker eine Sondergebetsschicht einzulegen. Das Einzige, was mich wundert, ist die Tatsache, dass ich von niemandem auf den Vibrationsalarm angesprochen werde. Aber so ein Klingelzeichen ist im Zeitalter des Smartphones wohl irgendwie sehr alltäglich.

Wir sind beim Mittagessen. Es betet jeder auf den Impuls der Wanduhr hin, wie und wann er will. Wir, d. h. meine Frau und meine zwei noch zu Hause wohnenden Kinder, haben uns darauf geeinigt, das Ganze nicht zu dogmatisch zu sehen. Jeder soll freiwillig beten oder es sein lassen. Da ich mich aber in der „Testphase" befinde, bete ich leise alle Viertelstunde. Aber ehrlich gesagt bin ich da sehr weit von ein bis zwei Minuten Gebetszeit entfernt. Bei mir sind es eher so fünfzehn bis zwanzig Sekunden. Aber wie auch immer, ich fühle mich prächtig. Für den Nachmittag ist Shoppen angesagt. Der Wecker, meine liebe Frau und ich werfen uns ins Großstadtgetümmel. Ich fühle mich weiterhin super und bemerke, dass ich beim Beten viel weniger danke, aber angesichts dessen, was sich so in der Großstadt abspielt, vermehrt in die Fürbitte gehe. Alles läuft prächtig, und zu Hause angekommen, stelle ich fest, dass sich der Wecker in meiner Hosentasche ausgeschaltet hat. Ich versuche mich zu erinnern. Das letzte Gebet, das ich gesprochen habe, war vor drei Stunden.

Ich fühle mich wie zwischen schuldig und begossen und weiß nicht einmal warum. Vielleicht, weil sich die letzten drei Stunden im Nachhinein wie Urlaub angefühlt haben. Vielleicht aber auch deshalb, weil ich mich nicht aus eigenen Stücken an den Herrn gewandt habe. Komisch ist das schon. Wenn mir jemand vor zwei Wochen gesagt hätte, ich würde mich einmal nicht gut fühlen, weil ich drei Stunden am Stück nicht ein einziges Mal gebetet hatte, hätte ich es für unmöglich gehalten. Ich hätte es schlicht und ergreifend als religiösen Fanatismus abgetan. Jetzt denke ich anders darüber. Die Wahrheit ist doch, dass ich ohne den Wecker keine Chance habe, wenigstens annähernd anhaltend zu beten. Und mit (!) dem Wecker habe ich irgendwie keine Chance, ein Teil der Gesellschaft zu sein. Ich fühle mich wie ein Fremder, der zwar alles mitbekommt, aber an nichts teilnehmen kann. Ich esse und trinke genauso gerne wie vorher und meine Ohren lassen sich immer noch mit guter Musik verwöhnen, aber ich kann mich nicht darauf einlassen. Wenn ich es doch tue, dann reißt mich der Wecker sowas von wieder heraus. So muss sich ein trockener Alkoholiker fühlen. Immer nur an den nächsten Tag denken und hoffen, dass irgendwann einmal die Gewohnheit siegt und sich alles wieder normal anfühlt.

# KAPITEL 10

# Durchhalten, und wie!?

Es ist Sonntagabend und mir graut schon bei dem Gedanken an morgen, an den Wecker, an das zehnminütige Signal, das sich so viel Platz schafft und dem man nicht ausweichen kann.

Natürlich habe ich auch am Wochenende gebetet. Aber meine Küchenuhr (die im Haus die Rolle des Weckers übernimmt) meldet sich nur alle fünfzehn Minuten und zu Hause fällt mir das Beten ohnehin viel leichter als bei der Arbeit. Zudem sind sonntägliche Gottesdienstbesuche eine sehr gute Möglichkeit in der Gemeinschaft mit Gott zu bleiben. Es sind ja auch nicht nur die beiden Stunden, in denen ich im Gottesdienst bin. Vor dem Gottesdienst stelle ich mich auf eine Begegnung mit Gott ein und nach dem Gottesdienst tausche ich mich noch mit anderen Gottesdienstbesuchern aus. Somit bleibe ich ganz natürlich in Gottes Gegenwart. Das ist sehr belebend und strengt mich überhaupt nicht an.

Anstrengend wird es ab Montag. Da heißt es durchhalten, Radio ausgeschaltet lassen, Tagträumen sein lassen und insgesamt nicht nachlassen im Gebet. Ich komme mir vor wie beim Militär. Und der Wecker ist der Spieß. Dabei mache ich das doch freiwillig!

Morgen geht es also wieder richtig los und in mir macht sich ein Gefühl breit, wie ich es schon manchmal vor einer Gebetsnacht oder einem Fastenwochenende erlebt habe: „Wenn ich es doch nur schon hinter mich gebracht hätte." Der Unterschied zum Wecker ist allerdings der, dass ein Fastenwochenende normalerweise am Sonntagabend zu Ende ist, der Wecker sich aber immer weiter meldet. Ich werde also nie „fertig" sein. Klar will ich es so. Ich will mit meinem Herrn *immer* verbunden sein und der Wecker soll mir dabei helfen. Aber es strengt gewaltig an.

*Morgen,* denke ich, *morgen kommt also der „Ernst des Lebens" wieder,* und ich frage mich ehrlich, wie ich das schaffen soll. Wie viel Kraft und Willen muss ich aufbringen, um den ganzen Tag im Gebet, in der Gemeinschaft mit Gott, zu bleiben. Vor meinem inneren Auge spult sich ein normaler Arbeitstag ab. Aufstehen, Bad, erster Kundenbesuch, telefonieren, Mails checken, Kundenbesuch, Kundenbesuch ... Dazwischen immer wieder der Wecker, der mich daran erinnert, dass ich in Gottes Gemeinschaft bleiben will. Ich gehe in Gedanken den Tag durch und dabei fällt mir auf, dass es mir vormittags leichtfällt zu beten. Warum eigentlich? Ich muss nicht lange nachdenken, um dahinter zu kommen.

Als ich Ende der 90er-Jahre eine kleine Gemeinde geleitet habe, hat mir der Herr auf mein Drängen hin (ich wollte einfach mehr für die Gemeinde tun) einen Rat gegeben. Ich könnte mir eine Liste von allen Gemeindemitgliedern machen und täglich für jeden in die Fürbitte gehen. Das habe ich dann auch getan. Auf dieser Liste standen etwa 25 Namen, und für diese Personen habe ich vormittags im Auto, immer zwischen den Kundenbesuchen gebetet. Das war im Nachhinein betrachtet so ähnlich wie jetzt mit dem Wecker. Nur dass ich jeweils zwischen zwei und fünfzehn Minuten gebetet habe. Allerdings war ich dann auch um 11 oder spätestens 12 Uhr „fertig".

Diese Gemeinde hat sich leider im Jahre 2001 aufgelöst, aber meine morgendlichen Gebetszeiten habe ich weitergepflegt. Vielleicht nicht mehr ganz so intensiv. Dennoch, und das merke ich jetzt ganz deutlich: Vormittags zu beten geht wirklich und ohne zu übertreiben recht gut. Ehrlich gesagt kann ich mir auch gar nicht vorstellen, die Vormittage anders zu verbringen. Da würde mir was fehlen. Aber dann, etwa ab 12 Uhr, wird es richtig anstrengend. Die Leichtigkeit, die noch vormittags da war, ist dann verflogen und es kostet mich viel Mühe zu beten und in der Gemeinschaft mit Gott zu bleiben.

Vormittags fällt es mir also leicht. Nachmittags ist es wirklich sehr anstrengend, und abends geht's dann wieder besser. Aber warum habe ich abends weniger Probleme, die Gemeinschaft mit Jesus zu pflegen? Klar schlägt meine Küchenuhr nur alle fünfzehn Minuten. Aber die Erklärung ist wahrscheinlich ähnlich wie vormittags: In den Jahren mit der kleinen Gemeinde haben wir uns zeitweise jeden Abend getroffen. Selbst in den ruhigeren Phasen trafen wir uns mindestens zweimal pro Woche. Hinzu kamen noch seelsorgerliche Gespräche, Lobpreisproben, Predigtvorbereitung usw. Ich war in dieser Zeit mehr oder weniger jeden Abend mit „Gott unterwegs". Wahrscheinlich ist das der Grund, weshalb es mir jetzt abends leichter fällt, bei Gott zu bleiben.

Das macht mir Mut, weil mir klar wird, dass es nachmittags nicht immer so anstrengend bleiben muss. Ich begreife, dass man die Gemeinschaft mit Gott einüben kann. Zum Beispiel mit dem Wecker, einer Gebetsliste, oder auch mit viel geistlichem Engagement in der Gemeinde. Durch dieses Einüben geschieht dann Folgendes: Ein positiver „Verdrängungsmechanismus" setzt ein. Weltliche Gewohnheiten müssen quasi der Gegenwart Gottes weichen. Dass dieses Einüben Zeit braucht, ist nur natürlich.

## Das „Feierabendproblem"

Die nächste Woche verläuft wie erwartet bzw. wie befürchtet. Morgens gut, nachmittags nicht so gut, und wenn ich abends dann zu Hause bin, geht's wieder besser. Ich ertappe mich allerdings manchmal dabei, dass ich, wenn ich von der Arbeit komme, geistlich gesehen „Feierabend" mache. Klar darf ich relaxen (vgl. 1 Kor 6,12), aber bei diesem „Feierabend von Gott" neige ich dazu, „Dienst nach Vorschrift" zu machen. Das sieht dann so aus, dass ich alle fünfzehn Minuten kurz bete. Überhöre ich die Küchenuhr, weil ich z. B. in einem anderen Raum bin, dann habe ich eine halbe Stunde nicht gebetet. Das ist an und für sich nicht schlimm. Schlimm dabei ist nur meine Haltung! Ich will, wenn ich geistlichen

Feierabend mache, gar nicht mit Gott verbunden sein. Ich will es ihm bzw. mir lediglich recht machen. Ich will, um es wirklich auf den Punkt zu bringen, „mein Ding" ohne den Herrn machen, tue dabei aber so, als suchte ich seine Nähe. Das ist verlogen, erbärmlich und sehr weltlich. Man könnte anführen, dass es doch ganz normal ist, mal einen Abend für sich zu haben. Und dabei spielt es keine Rolle, was ich mache. Mag schon sein, aber warum hat Gott keinen Platz dabei? Warum will ich keine Gemeinschaft mit ihm haben? Was will ich alleine, ohne ihn, machen? Ich spreche hier natürlich nicht von irgendwelchen bewussten Sünden. Gott kann immer und überall dabei sein. Aber, wenn der Herr nicht bei mir ist, weil ich ihn nicht darum bitte, dann mache ich der Welt Platz. Ob ich will oder nicht.

Die nachfolgende Bibelstelle erklärt das sehr gut. *„Liebt nicht die Welt noch was in der Welt ist! Wenn jemand die Welt liebt, ist die Liebe des Vaters nicht in ihm, denn alles, was in der Welt ist, die Begierde des Fleisches und die Begierde der Augen und der Hochmut des Lebens, ist nicht vom Vater, sondern von der Welt. Und die Welt vergeht und ihre Begierde, wer aber den Willen Gottes tut, bleibt in Ewigkeit"* (1 Joh 2,15-17).

Diese Verse haben es in sich. Ich zucke förmlich zusammen und fühle mich gänzlich außer Stande, dem auch nur ansatzweise nachzukommen. Dabei meint es Johannes nur gut mit mir. Diese Verse warnen mich davor, die Welt zu lieben. Etwas zu lieben fängt meist damit an, dass ich mich um etwas Neues kümmere, mich etwas Neuem zuwende. In diesem Fall ist es auch so und es ist dann wirklich nicht sehr verwunderlich, dass ich mich dabei von jemandem abwende, nämlich von Gott. Das ist mein eigentliches Feierabendproblem und nicht der Anspruch der oben erwähnten Verse, denn die sind voller Liebe und wollen mich lediglich vor Schaden bewahren.

Warum ich hinter diesen Versen trotzdem einen erhobenen Zeigefinger vermute, liegt vielleicht daran, dass sich irgendwelche Kirchenleute dieser oder ähnlicher Verse bedient haben, um, wenn auch gut gemeint, Macht und Kontrolle auszuüben. Johannes schreibt diese Verse aber nicht, um uns klein zu halten, sondern um uns zu warnen. Zu warnen in dem Sinne, dass er uns einen Wink gibt. Im Grunde genommen sagt Johannes: Überprüfe dein Herz. Wenn du die Welt liebst und mit ihr eins wirst, wirst du auch mit ihr vergehen. Du kannst entweder die Welt oder Gott lieben.

Ich bin durch die Taufe eine neue Kreatur, bin in, aber nicht von dieser Welt „... *weil ihr aber nicht von der Welt seid ...*" (Joh 15,19). Ich bin von neuem geboren. Im Grunde genommen will ich nur mit Gott zusammen sein. Ich liebe seine Nähe. Eigentlich sollte ich gar keinen Wecker als Gebetserinnerung brauchen. Aber ich habe da noch ein „kleines" Problem. Mein Fleisch. Mein Fleisch will andere Dinge machen als mein Geist. *„Denn das Fleisch begehrt gegen den Geist auf, der Geist aber gegen das Fleisch; denn diese sind einander entgegengesetzt"* (Gal 5,17). Wie schon gesagt, mein Geist will immer bei Gott sein. Mein Fleisch dagegen will feiern, tolle Autos fahren oder Fußball gucken; und zwar ohne dass Gott dabei ist. Wenn ich als Christ den Fehler begehe und das mache, was mein Fleisch will und zulasse, dass ich dabei keine Gemeinschaft mit Gott habe, dann werde ich über kurz oder lang die Welt lieben. Denn wenn die Gemeinschaft mit Gott nicht gepflegt wird, kühlt die Liebe zu Gott zwangsläufig ab.

Die Welt lieben heißt u. a., sich mit ihr eins zu machen. Das kann dann so aussehen, dass ich der Gesellschaft (Welt) beweisen will und muss, dass ich es zu etwas gebracht hat. Das Auto sollte größer sein als das des Nachbarn. Auf der Kleidung könnte hier und da ein teures Logo prangen. Ich arbeite am gesellschaftlichen Rang und sonne mich, wenn alles klappt, an neidischen Blicken. Das ist „der Hochmut des Lebens" (vgl. 1 Joh 15,16).

Man könnte jetzt entgegenhalten, dass uns doch ein überlaufendes Maß verheißen ist: *„Gebt, und es wird euch gegeben werden: ein gutes, gedrücktes und gerütteltes und überlaufendes Maß wird man in euren Schoß geben; denn mit demselben Maß, mit dem ihr messt, wird euch wieder gemessen werden"* (Lk 6,38).

Dieser Bibeltext spricht nicht davon, dass uns ein dickes Portemonnaie zugesichert ist. Der Text sagt uns lediglich, wie Gottes Ordnung funktioniert. Und zwar: so, wie ich gebe, so werde ich auch empfangen. Aber pauschaler Wohlstand ist mir nicht verheißen. Paulus sagt hierzu: *„... sowohl Überfluss zu haben als auch Mangel zu leiden. Alles vermag ich in dem, der mich kräftigt"* (Phil 4,12-13).

*„Wer den Willen Gottes tut, bleibt in Ewigkeit"* (1 Joh 2,17). Ich bin gedanklich immer noch bei meinem „Feierabendproblem". Was ist der Wille Gottes? Dass es mir gut geht! Dass ich weiterkomme! Gott will mich heilen, wiederherstellen, groß machen. Er will sich an mich verschenken. Es gibt nichts Besseres für mich, als den Willen Gottes zu tun. Wir Christen, besonders wir Deutschen, müssen aber lernen, dass der Wille Gottes nichts mit Befehl und Gehorsam zu tun hat. Denn der Wille Gottes ist kein Befehl. Nochmals: Der Wille Gottes ist kein Befehl. Gott befiehlt nicht, er empfiehlt! Den Willen Gottes in meinem Leben umzusetzen ist das non plus Ultra für mich! Ich kann nichts Besseres tun, als den Willen Gottes zu suchen und mich danach zu richten! Gott weiß genau, was als Nächstes dran ist. Er kennt den nächsten Schritt für mich und er weiß immer, wie viel er mir zumuten kann.

Mein Feierabendproblem löst sich langsam auf. Gemessen an dem, was mir Gott bedeutet und was mir Gott bieten kann, ist die Welt wirklich sehr unattraktiv. Was gaukelt mir die Welt denn vor? Dass ich mich in meinem Erfolg, wenn ich denn Erfolg habe, sonnen kann. Dass ich, falls ich wohlhabend werde, mich an neidischen Blicken labe – immer darauf bedacht, dass nichts verloren geht. Gleichzeitig ist diese Welt sehr ungerecht. Sehr schnell kann sich das Blatt wenden. Darum sichern sich auch so viele Menschen gegen alles Mögliche ab. Es ist schon dubios. Ohne Lebens-, Kranken-, oder Arbeitsunfähigkeitsversicherung scheint man in der westlichen Welt nicht mehr auszukommen. Und das, obwohl sich die allermeisten Menschen für die Welt und deren Gesetze entschieden haben. Sie akzeptieren diese weltliche Ordnung, wo das Geld regiert. Kurzum: die Menschen funktionieren. Es hat schon eine gewisse Ironie, dass sich die allermeisten Menschen in Deutschland mit dieser Welt eins gemacht haben, sich aber gegen sie absichern.

Bei genauerer Betrachtungsweise erscheint die Welt wie ein Gefängnis, in dem man zudem noch ungerecht behandelt wird.

Die Strafe ist immer „lebenslänglich", ohne die geringste Chance auf Begnadigung. Das Ende ist nicht die Freilassung, sondern der Tod. Manche kürzen das Ganze ab, indem sie sich selbst das Leben nehmen. Das ist sehr traurig. Spricht man aber die Menschen auf ihr Schicksal an und erklärt ihnen, dass sie durch Jesus Christus frei sein können und zusätzlich das ewige Leben bekommen, dann wollen sie nicht so recht. Dann ist ihr Gefängnis plötzlich gar nicht mehr so schlecht.

Die Welt bietet mir etwas an, das sie gar nicht halten kann. Sie verspricht Glück, Frieden und Sicherheit, wenn ich alles recht schlau anstelle. Aber das stimmt nicht, denn letzten Endes werde ich mit der Welt untergehen, wenn ich sie liebe.

## Besserung in Sicht

Es hat sich für mich gelohnt, dass ich mir Gedanken darüber gemacht habe, was der eigentliche Wille Gottes für mich ist und in welchem Verhältnis ich zur Welt stehe. Mein Bewusstsein als Kind Gottes hat sich dadurch verändert. Ich gehöre zu Gott. Punkt. Und dort will ich bleiben. Ich gehöre nicht zur Welt und habe dort auch nichts zu suchen! Das heißt aber noch lange nicht, dass ich mich mit dieser Entscheidung zu einem Einsiedler mache. Ganz und gar nicht. Ich liebe diesen Planeten mit seiner atemberaubenden Natur, liebe es, Rennrad zu fahren, liebe gute Gespräche, ein frisches Bier, gutes Essen und ja, auch den Erfolg. Aber ich will alles mit Gott teilen! Will nicht mehr von seiner Seite weichen.

Durch diese Entscheidung fällt es mir nachmittags leichter bei Gott zu bleiben. Und abends lerne ich, alles mit Gott zu teilen und mich nicht mehr vor ihm zu verstecken. Es war letztendlich die Überzeugung, dass ich mit der Welt nichts gemeinsam haben soll und will, die es mir erleichtert hat, mithilfe des Weckers in der Gemeinschaft mit meinem Herrn zu bleiben. Und je mehr ich bete, umso leichter fällt es mir. Die Nachmittage sind jetzt bei weitem nicht mehr so anstrengend wie zu Beginn.

Es gibt aber auch heikle beziehungsweise grenzwertige Situationen. Beispielsweise dann, wenn ich mit den Kollegen nach der

Arbeit noch auf ein Bier in die Kneipe gehe. Da ist, wenn überhaupt, nur ein kurzes Gebet alle zehn Minuten möglich. Die Gespräche drehen sich um Fußball und Geschäftliches. Selten kann ich über den Glauben reden, und ich kann nicht wirklich behaupten mit Gott in enger Gemeinschaft zu sein. Schaltet sich dann der Wecker in meiner Hosentasche versehentlich aus, merke ich es frühestens zu Hause.

Man könnte jetzt dagegenhalten, dass es bei der Arbeit genauso schwierig ist, im Gebet zu bleiben. Zunächst stimmt das. Aber über das Arbeitsleben lesen wir in Epheser 6,7: *„Dient mit Gutwilligkeit als dem Herrn und nicht den Menschen!"* Gutwilligkeit lässt sich mit positiver Einstellung, bei dieser Textstelle auch mit Denken/Verstand übersetzen. Das heißt, dass wir so arbeiten sollen, als würden wir es für Gott tun. Wenn wir uns bei der Arbeit Mühe geben, ist das biblisch und ehrt Gott; mit Kollegen in die Kneipe zu gehen, kann dagegen eine Gratwanderung sein.

Heikel sind auch Besuche im Fußballstadion, bei Partys oder Geschäftsessen. Trotzdem haben sich gerade da die besten Gespräche über den Glauben an Gott ergeben.

Von einer Sache bin ich durch den Gebrauch mit dem Wecker völlig positiv überrascht worden. Es geht hierbei um konzentrierte Büroarbeit. Ich konnte mir nie vorstellen, die Arbeit alle zehn Minuten fürs Gebet zu unterbrechen. Aber das geht superleicht und ist höchst effizient. Auch beim Schreiben dieses Buches habe ich das immer so praktiziert und nie den Faden verloren.

Im Übrigen ist ein ähnliches Konzept bereits unter „Leistungsfähiger dank Micropausen" im Internet zu finden. Dr. Michael Franz propagiert in seinem Artikel eine Pause von etwa dreißig Sekunden alle fünfzehn Minuten, nämlich immer dann, wenn sein Bildschirm dank Time Out etwas intransparent wird. Finde ich super. Er schreibt in seinem Fazit: „Ausprobieren! Time Out ist ein einfaches und kostenloses Tool, das mich zuverlässig an etwas ganz Wichtiges erinnert: kurz Pause zu machen, zu entspannen und neue Energie aufzutanken. Ich nutze Time Out jetzt seit über einem Jahr jeden Arbeitstag und bin damit wesentlich produktiver." Genau: Pause machen, entspannen und neue Energie auftanken. Wenn das schon ohne Gott funktioniert, dann erst recht mit ihm!

## Im Rückblick

Es hat tatsächlich Wochen gedauert, bis ich mich an den Wecker gewöhnt habe. Es gab Zeiten, in denen ich meinte, ich würde es nicht mehr schaffen. Aber irgendwie ging's dann doch weiter. Wahrscheinlich mit Hilfe von oben. Zudem waren meine Überlegungen, ob ich zu Gott oder zur Welt gehören will, dem Ganzen sehr zuträglich. Nachdem ich die Entscheidung gefällt hatte, ganz und immer zu Gott gehören zu wollen und nicht nach den Maßstäben dieser Welt zu leben und nicht die Welt zu lieben, war es deutlich einfacher, im Gebet zu bleiben.

Wenn ich jetzt nach fast zwei Jahren zurückblicke, dann bereue ich keine Sekunde, die ich im Gebet zugebracht habe. Ganz im Gegenteil. Ich bin sehr froh, dass ich versucht habe, mithilfe des Weckers in Gottes Gegenwart zu bleiben. Meine Beziehung zum Herrn ist viel intensiver geworden – nicht aber deshalb, weil ich so oft gebetet habe, sondern weil ich Ihn besser kennengelernt habe. Zudem hat sich mein Gebet verändert. Von einem manchmal zwanghaften Danken hin zu einem freundschaftlichen Erzählen und Reden. Das zwanghafte Danken musste dem fröhlichen Danken weichen. Und ich habe erfahren, wie wertvoll die Fürbitte ist. Aber meistens plaudere ich mit dem Herrn, und das entspannt und tut unserer Beziehung sehr gut. Im Übrigen kann ich jetzt auch wieder Radio hören oder meinen Gedanken nachgehen, und zwar mit „Wecker". Es scheint so, als hätte ich gelernt beim Herrn zu bleiben. Allerdings brauche ich dazu immer noch den Wecker. Denn, als ich es einige Tage ohne versuchte, habe ich zwar deutliche Fortschritte gegenüber früher festgestellt. Aber mit Wecker fällt es mir immer noch wesentlich leichter in Gottes Gemeinschaft zu bleiben.

Am Ende meines Erfahrungsberichtes drängt sich natürlich die Frage auf, ob ich auch Zeichen und Wunder erlebt habe. Ja, die habe ich erlebt. Aber nicht nach zwei bis drei Tagen, eher so nach drei bis vier Monaten. Da hat mir der Herr gesagt, ich soll Dr. Arne Elsen anrufen und ihm sagen, dass ich ein Büchlein über seine Erfahrungen als betender Arzt und die Idee von dem Wecker als Gebetshilfe schreiben soll/darf. Dass Gott das Gleiche zu Dr. Elsen gesagt hat und ich dieses Büchlein schreiben durfte, ist für mich schon ein Wunder.

Habe ich sonst noch Zeichen und Wunder erlebt? Ja natürlich, aber das schon seit 25 Jahren.

# KAPITEL 11

# Wie setzt du den Wecker ein?

## Der Fragebogen

Es interessiert mich immer sehr, was für Erfahrungen andere Christen mit dem Wecker machen. Also habe ich, wenn ich einem Christ begegnet bin, gefragt, wie er oder sie mit dem Wecker umgeht. Die üblichste Antwort war dann ein langgezogenes Jaaaaa. Auf weiteres Nachhaken folgte dann in aller Regel: „Man muss halt schon dranbleiben." In meiner Not meinte ich dann, mit folgender Frage die Leute aus ihrer Reserve locken zu können: „Wenn du durch ein Buch zu deinen Geschwistern reden könntest, was würdest du ihnen bezüglich des Umgangs mit dem Wecker raten?" Die Antwort war fast immer: „Kämpfen, du musst kämpfen, um dranzubleiben." Aber das war mir dann doch zu dünn. Also habe ich mir einen Fragebogen ausgedacht. Befragt habe ich:

- Gina, 24 Jahre alt und gerade fertig mit dem Master für „Internationale Beziehungen und Politik",
- ihren Mann Heiko, 25 Jahre alt, der Politik und PR studiert,
- Uwe, 51 Jahre alt, Diplom-Ingenieur, und
- Lea, 17 Jahre alt, Schülerin (Abiturklasse).

Im Folgenden werde ich den Anfangsbuchstaben des jeweiligen Namens (also z. B. „G" für Gina usw.) verwenden.

**Der Wecker soll dazu dienen, unsere Beziehung zu Jesus Christus zu verbessern und zu vertiefen. Alle zehn Minuten werden wir dadurch an den Herrn erinnert und gehen ins Gebet.**

**1. Was für einen Wecker benutzt du, und wo trägst du ihn?**

G: Ich hatte am Anfang den „Gymboss". Ab Weihnachten habe ich nun den hier (zeigt mir eine schicke Armbanduhr). Der Vorteil hierbei ist, dass da kein Außenstehender mehr was merkt.

H: Bei mir war es genauso.

U: Das aktuelle Modell von Gymboss, meist in der Hosentasche.

L: Den Gymboss in der Hosentasche

**2. Gebrauchst du schon immer diesen Wecker und hast du ihn schon immer an dieser Stelle getragen?**

G: Wie schon gesagt …

H: dto.

U: Ja, ich habe nur einen Tausch vom Vorgängermodell vorgenommen.

L: Ich hatte anfangs einen Wecker, der laut klingelte. Geht gar nicht.

**3. Hast du den Wecker von Anfang an auf zehn Minuten gestellt?**

G: Ja

H: Ich muss überlegen. Am Anfang hatte ich ihn auf 20 Minuten gestellt. Aber schon nach ein paar Tagen habe ich ihn auf zehn Minuten gestellt, weil es mir recht leichtfiel.

U: Ja!

L: Ja.

**4. Erzähle doch bitte: Wie war der erste Tag mit dem Wecker; die erste Stunde?**

G: Total anstrengend (lacht). Weil man das Beten in dieser Regelmäßigkeit einfach nicht gewöhnt ist. Ich würde sogar sagen, dass die ersten Tage, ja, die erste Woche sehr anstrengend war, weil man erstens nicht weiß, für was man danken soll und zweitens der Wecker in Situationen „reinklingelt", in denen man Gott vorher nie reingeholt hätte. Deshalb war es megaanstrengend.

H: Ich habe mich zunächst sehr auf den Wecker gefreut. Aber eigentlich war ich scharf auf die Sachen, die dann so passieren sollten. Das hat mich in erster Linie motiviert.

G: Ja stimmt, das war bei mir genauso.

U: Recht unspektakulär. Ich habe einfach begonnen zu kommunizieren.

L: Den Wecker in der Schule zu benutzen ging nicht, weil der Vibrationsalarm immer noch laut ist und stört. Der erste Tag war daher schon ein bisschen frustrierend. Ich habe dann den Heiligen Geist gebeten, mich an Jesus zu erinnern, was mal mehr mal weniger gut geklappt hat.

**5. Wann hast du mit dem Wecker angefangen, und hattest du Unterbrechungen?**

G und H: Angefangen haben wir vor ungefähr achtzehn Monaten.

G: Manchmal habe ich den Wecker überhaupt nicht mehr gespürt. Da habe ich ihn für ein paar Tage weggelassen. Als ich ihn dann wieder genommen habe, habe ich gemerkt, wie gut das ist. An manchen Tagen habe ich auch das Gefühl, dass ich ihn nicht brauche. Dann lasse ich den Wecker zu Hause.

H: Ich hatte auch immer wieder Unterbrechungen. Wenn ich eine Woche komplett „durchgehalten" habe, habe ich mir ein paar unterschiedlich lange Aussetzer gegönnt.

U: Ich nehme den Wecker seit dem Frühjahr 2012 ohne Unterbrechung.

L: Ungefähr ein Jahr mit Unterbrechungen.

**6. Falls du Unterbrechungen hattest, warum hast du dann wieder mit dem Wecker angefangen?**

G: Wie schon gesagt, weil es echt gut ist, wenn man so regelmäßig betet.

H: Ich wollte die Zeichen und Wunder sehen.

L: Kling vielleicht doof, aber ich wollte sehen, ob durch die intensivere Beziehung zwischen mir und Jesus wirklich Wunder geschehen.

**7. Wie betest du? Loben und Danken oder auch Fürbitte, Proklamieren, mit Gott sprechen, in Sprachen beten, Loblieder singen usw.?**

G: Ja, ich mache das alles. Außer tagsüber Loblieder laut singen.

H: Bei mir war es zu 80 Prozent Loben und Danken, weil das in einem Automatismus ging. Die restlichen 20 Prozent habe ich dann etwas bewusster gebetet.

U: Was gerade dran ist. Mit einem Fokus auf Loben und Preisen, aber auch fragen.

L: Eigentlich nur Loben und Danken.

**8. Ist es für dich wichtig, die Gebete auszuformulieren, oder reicht einfach: „Danke für ..."**

G: Wenn ich arbeite oder mit jemandem rede, dann kann ich die Gebete nicht ausformulieren. Dann bete ich nur: „Danke für ..." Wenn ich aber beispielsweise mit der U-Bahn fahre, dann formuliere ich die Gebete in meinem Kopf aus.

H: Bei mir ist es genauso. Wenn ich beispielsweise in Vorlesungen bin, dann fällt es mir leichter, in Formeln oder Ähnlichem zu beten. Aktives Beten findet bei mir auch eher dann statt, wenn ich unterwegs bin.

U: Ich formuliere nie vor bzw. aus. Was kommt, kommt, und kommt auch meistens an.

L: Das ist unterschiedlich. Manchmal sind es intensive Gebete, manchmal nur „Danke für …".

### 9. Fällt es dir leicht, alle zehn Minuten zu beten?

G: Freundinnen und ich haben das mit dem Wecker gleichzeitig angefangen. Wir haben uns dann gegenseitig geholfen, indem wir bei Skype online waren und uns geschrieben haben, für was wir gerade danken. Es ist viel leichter, wenn man das gemeinsam macht. Alleine ist die Gefahr groß, dass man mal eine Stunde den Wecker gar nicht wahrnimmt. Aber wenn ein Freund von dir schreibt, dann wirst du wieder fürs Gebet motiviert. Es sind dann auch immer mehr hinzugekommen, zum Teil vom anderen Ende der Welt. Wir haben so das biblische Prinzip „Wo zwei oder drei zusammen sind …" praktisch umgesetzt. Das ist echt eine große Hilfe. Selbst wenn du ein Essay schreiben musst und wahnsinnig im Druck bist, hilft dir das echt weiter.

H: Wie schon gesagt, ist es mir am Anfang schwer gefallen. Aber dann bin ich in einen guten Rhythmus hineingekommen.

U: Das alles ist für mich kein Stress. Es gibt Zeiten am Tag, in denen ich es vergesse. Dann mache ich schlicht und ergreifend weiter, wenn das nächste Intervall zu Ende ist.

L: Es fällt mir schon recht schwer.

### 10. Gibt es Situationen, in denen du den Wecker ausschaltest oder erst gar nicht mitnimmst?

G: Den lauteren Wecker habe ich zu Prüfungen nicht mitgenommen. Die Uhr schon. Die hört ja niemand. Außer bei Anlässen, wo man besonders schick sein muss, da habe ich die Uhr weggelassen, weil sie einfach nicht zu meinem Outfit passt.

H: Ich habe die Uhr nachts ausgelassen. Und eher abends in meiner Freizeit. Bei der Arbeit ist es mir leichter gefallen.

U: Ich schalte den Wecker aus, wenn ich mich in einer speziellen Situation (Kundengespräch, Gebetsdienst) intensiv konzentrieren muss. Anschließend bete ich wieder.

G: Bei der Arbeit braucht man den Wecker mehr als abends. Ja, das war bei mir auch so.

L: Schule und Wecker, das geht gar nicht. In der Öffentlichkeit ist es manchmal peinlich, wenn man den Vibrationsalarm hört.

**11. Wie gehst du mit dem Wecker im Urlaub, zum Beispiel am Strand, um?**

G: Ich war seither nicht mehr im Urlaub.

H: Ich auch nicht.

L: Am Strand nehme ich den Wecker nicht.

**12. Zu Hause ...?**

G: Ich bete alle zehn Minuten. Spannend wird's aber dann, wenn man sich gestritten hat.

H: Ja, das stimmt. Aber durch das konstante Beten ufert ein Streit auch nicht aus.

L: Das Gebet alle zehn Minuten reißt einen aus allen Beschäftigungen raus. Schon schwer.

**13. Bei der Arbeit ...?**

G: Wie schon gesagt.

H: dto.

U: Generell trenne ich nicht zwischen Arbeit und privat. Auch nicht beim Beten. Das Ding läuft, abgesehen von den oben beschriebenen Ausnahmen, tagsüber immer durch.

**14. Würdest du bitte folgenden Satz kommentieren: „Der Wecker zwingt uns, in Jesus Christus zu bleiben. Wenn man nicht in Jesus bleibt, dann strengt einen die Zehn-Minuten-Taktung gewaltig an."**

G: Ja, schon. Ich würde das aber eher so sehen, dass der Wecker eine Chance ist, überhaupt zu merken, in welche Lebensbereiche man Jesus überhaupt nicht reinlässt. Durch den Wecker hat man dann die Möglichkeit, Jesus auch da reinzuholen. Das hat mein Leben dann total verändert.

H: Ja, das sehe ich genauso. Interessanterweise ist es weniger anstrengend, wenn man nach Zeichen und Wundern giert, die angeblich aus dem regelmäßigen Gebet kommen. Aber das birgt eine große Gefahr. Eigentlich ist das die falsche Motivation.

U: Ich halte von dem Statement gar nichts! Vor allem deshalb, weil dort Begriffe wie „zwingt" oder „strengt an" benutzt werden, die zwar der deutschen Mentalität entsprechen mögen, aber nichts mit meinem Bild von Jesus zu tun haben. Für mich geht es bei all dem um Freiheit, Freiheit und nochmals Freiheit.

L: Natürlich strengt das zehnminütige Gebet gewaltig an, wenn man zum Beispiel Mathe pauken muss. Man wird halt immer wieder aus der Konzentration gerissen.

**15. Was antwortest du, wenn dich jemand auf den Wecker bzw. auf den Vibrationsalarm anspricht?**

G: Ich habe dann erklärt, dass es sich um ein Experiment handelt. Alle haben dann sehr erstaunt, aber positiv reagiert. Es hat tatsächlich niemand gesagt, dass ich bescheuert wäre oder Ähnliches. Es fanden wirklich alle interessant.

H: Ich habe dann erklärt, dass ich mit Gott rede. Das war dann meistens eine gute Vorlage, um über den Glauben an Jesus zu sprechen.

U: Wenn sich jemand das traut, dann steht er meist ganz kurz vor der Lebensübergabe!

L: Freundinnen habe ich erzählt, dass mich der Wecker an Jesus erinnern soll usw.

**16. Hat dich der Wecker in eine bessere Beziehung zu Jesus gebracht?**

G: Ich würde sagen, dass mich der Wecker überhaupt in eine Beziehung zu Jesus gebracht hat. Meine christliche Prägung war eher so, dass ich dies und jenes tun sollte. Und ich habe dann durch Beten und Bibellesen nur mein schlechtes Gewissen beruhigt. Durch den Wecker war ich zum ersten Mal so richtig von Gott und Jesus begeistert. Ich liebe (!) es, von Jesus zu erzählen.

H: Durch die Praxis mit dem Wecker hat sich bei mir viel erleichtert und ich bin deshalb stillschweigend davon ausgegangen, dass sich dadurch auch meine Beziehung zu Jesus verbessert hat. Es kommt auf die Perspektive an. Aber ich glaube schon, dass sich die Beziehung verbessert hat.

U: Er hat mich in eine Beziehung gebracht, denn wo vorher nichts war, kann auch nichts besser werden.

L: Zumindest in eine andere. Eigentlich schon in eine intensivere.

**17. Schlussfrage: Was war deine peinlichste Szene mit dem Wecker?**

G: Es gab keine peinliche Situation.

H: Bei mir gab's auch keine. Ich denke aber, wem der Wecker peinlich ist, der gerät auch in peinliche Situationen.

U und L: Keine.

**19. Und die witzigste?**

G: Eine Freundin von mir hat sich gerne über Bibelschüler lustig gemacht. Nachdem sie dann auch immer alle zehn Minuten gebetet hat, hat sie eines schönen Tages das Wort Bibelschule vor ihren Augen gesehen. Dorthin hat Gott sie geschickt. Das fand ich sehr lustig.

Vielen Dank für eure ehrlichen Antworten und dafür, dass ihr euch Zeit genommen habt.

## Interview mit Helmut

Helmut ist 65 Jahre alt, sieht aber aus wie 56, hat einen starken plattdeutschen Akzent und ist sehr sympathisch. So der Typ Mann, mit dem man nach dem Pferdestehlen noch ein Pils trinken geht.

**Frage:** Helmut, wie ist deine Geschichte, warst du auch krank?

**Antwort:** Nein, krank war ich nicht. Bei mir war es so, dass sich meine Frau im Dezember 2000 von mir getrennt hat. Dann wurde ich arbeitslos, und im gleichen Jahr starb dann auch noch mein bester Freund. Das kam alles sehr kurz hintereinander.

**Frage:** Oh je. Wie bist du dann mit dieser Situation umgegangen?

**Antwort:** Ich fing an zu überlegen, was das Ganze überhaupt soll. Und wozu man überhaupt da ist. Was ist der Sinn des Lebens? In dieser Zeit bin ich dann immer mit meinen zwei Hunden am Elbkanal rauf und runter geschlendert und habe mir so meine Gedanken gemacht. Wochenlang. Ich hatte aber interessanterweise überhaupt keinen Hass oder Groll oder so was. Nicht gegenüber meinem ehemaligen Arbeitgeber, der mich entlassen hatte – ich war im öffentlichen Dienst tätig gewesen –, und auch nicht gegenüber meiner Frau, die mich verlassen hatte. In dieser Zeitphase habe ich dann als Selbstschutz vierzehn Monate lang keine Zigarette geraucht und auch keinen Alkohol getrunken.

**Frage:** Hast du in dieser Phase soziale Kontakte knüpfen können?

**Antwort:** In der Sauna habe ich jemand kennengelernt, mit dem ich mich „auf ein Bier" verabredet habe. Nach 14 Monaten ohne Alkohol dachte ich, könnte ich mir mal wieder ein Bierchen genehmigen. Aus dem einen wurden viele und ich bin erst um 3:30 Uhr morgens in die Federn gekommen. Das wäre nicht weiter schlimm gewesen, wenn ich nicht einem sehr guten Freund versprochen hätte, ihn am nächsten Tag zu besuchen. Also bin ich morgens, wenn auch wider Willen, aufgestanden und habe mich auf meinen Drahtesel geschwungen, um die ca. 60 Kilometer hinter mich zu bringen. Ich muss noch anfügen, dass es im Dezember war, also nicht gerade in der wärmsten Jahreszeit. Dann ist etwas sehr Erstaunliches passiert. Als ich mit dem Fahrrad auf der Höhe des Schiffshebewerks war, ich kann mich noch ganz genau daran erinnern, hat mich Gottes Liebesstrom erreicht. Aus heiterem Himmel, wie man so sagt. Mein Herz wusste vor lauter Freude nicht, wohin. Mir sind Tränen des Glücks von der Wange auf meinen Fahrradlenker getropft. Mir ging es so was von gut! Ich wusste ehrlich nicht, wie mir geschah. Aber ich wusste sicher, dass es Gott war, der mir da begegnet ist.

**Frage:** Wie lange hat diese Begegnung gedauert?

**Antwort:** Das muss so ungefähr fünfzehn bis zwanzig Minuten angehalten haben.

**Frage:** Warst du damals schon Christ?

**Antwort:** Nein. Ich wusste nicht, wer Gott ist. Und ich wusste auch nicht, wer Jesus ist. Ich habe in der schweren Zeit, als mich meine Frau verlassen hat, auch nicht nach Gott gefragt. Aber als mich der Herr auf dem Fahrrad berührt hat, da wusste ich, dass er es war, und ich habe ihm auch gleich dafür gedankt. „Gott, ich preise dich", habe ich gerufen und mich dabei über mich selbst gewundert. Ich habe dann ein gläubiges Ehepaar kennengelernt, die mich oft zum Frühstück eingeladen haben. Die hatten immer leckeren, frischen Fisch, das weiß ich noch ganz genau. Die haben mir gesagt, dass ich Jesus brauche, und haben mich in eine freikirchliche Gemeinde mitgenommen, wo ich dann mein Leben Jesus übergeben habe.

**Frage:** Wie bist du nun zu dem Wecker gekommen?

**Antwort:** Das war bei einer Fastenfreizeit. Da habe ich Arne und eben auch den Wecker kennengelernt. Der Teufel will nicht, dass wir im Gebet bleiben, und mit dem Wecker haben wir eine gute Hilfestellung, um im Gebet zu bleiben. Mittlerweile bin ich auch ein Mitarbeiter von Arne. Herbert und ich sind oft dabei, wenn Arne von Gemeinden eingeladen wird, um über seine Praxis und die Heilungswunder, die sich dort zutragen, zu sprechen. Und natürlich über den Wecker.

**Frage:** Hast du, seit du den Wecker benutzt, schon außergewöhnliche Dinge mit Gott erlebt?

**Antwort:** Ja klar. Zum Beispiel hat sich beim Männertag in Bad Gandersheim Folgendes zugetragen. Ich habe einen Mann gesehen, den ich bis dahin nicht kannte. Im Nachhinein habe ich mitbekommen, dass es Peter R. war, für den ich kurz gebetet hatte, nachdem ich gesehen hatte, dass er ein faustgroßes Krebsgeschwür hinter dem Ohr hatte. „Das gehört dort nicht hin", soll ich angeblich gesagt haben. Und dann habe ich nur sehr kurz die Hand aufgelegt und gebetet, weil am Infostand sehr viel los war. Zwei Tage später steht Peter R. dann auf der Bühne und gibt Zeugnis. Als er nach Hause kam, hat ihn seine Frau darauf aufmerksam gemacht, dass das Krebsgeschwür weg war. Er selbst hatte das noch gar nicht bemerkt.

Helmut freut sich noch immer sichtlich über Gottes übernatürliches Eingreifen, und es wird deutlich, dass er schon sehr viel mit Jesus erlebt hat.

## Interview mit Gina

Gegenüber von mir sitzen Gina und ihr Mann Heiko. Wir haben uns in Heidelberg in einem netten Restaurant zum Gespräch getroffen. Gina ist 24 Jahre alt und gerade mit ihrem Master in „Internationale Beziehung und Politik" fertig. Sie hat in Estland studiert und fühlt sich in Heidelberg sehr wohl, auch wegen der Vineyard-Gemeinde, der sie angehört.

Gina erzählt von ihrer christlichen Prägung. „In meinem Elternhaus macht man sich Sorgen um alles und jenes. Wenn man sich keine Sorgen macht, ist das gleichzusetzen damit, dass man keine Verantwortung übernimmt. Die Baptistengemeinde, in die mich meine Eltern schon als Kind mitgenommen haben, verkörpert auch diese Haltung. Die nehmen „das Ganze" auch lieber selber in die Hand. Eines vom Wichtigsten, was du in solch einer Gemeinde als Teenager lernst, ist: Habe keinen Sex vor der Ehe. Ganz wichtig.

Leider habe ich nie gelernt, mit meinen Sorgen zu Gott zu gehen und dann warten was *er* dazu sagt. Solche Sachen hat mir damals niemand beigebracht. Leider. Später habe ich mich einer Vineyard-Gemeinde in Heidelberg angeschlossen. Bis dahin war mein geistliches Leben eher „normal".

**Frage:** Wie kamst du zu dem Wecker?

**Antwort:** Heikos Mutter hat mir davon erzählt. Da habe ich mich über Dr. Elsen schlau gemacht und den Entschluss gefasst, das mal zu probieren, weil Dr. Elsen das gut rüberbringt und ergebnisorientiert ist. Das hat mich sehr angesprochen. Heikos Mutter hat mir dann aus ihrem Vorrat so einen Wecker gleich mitgebracht.

**Frage:** Wie war denn dein erster Tag mit dieser Erinnerungshilfe?

**Antwort:** Es war wirklich sehr schwer. Ich habe da erst gemerkt, wo ich den Herrn überall *nicht* mit hinnehme. Das war wie ein geistlicher Spiegel. Es wird einem sehr bewusst, wie viel Zeit man ohne Jesus verbringt. Die folgenden Tage waren genauso schwer und anstrengend, weil man sich ja noch nicht an das Beten gewöhnt hat. Zudem habe ich gehofft, dass sich, wie Dr. Elsen immer behauptet, nach zwei bis drei Tagen Zeichen und Wunder ereignen würden. Leider war das bei mir nicht der Fall. Die kamen etwas später. So etwa nach einer Woche sind mir Veränderungen aufgefallen.

**Frage:** Was hat sich denn bei dir verändert?

**Antwort:** Seit meiner Teenagerzeit hatte ich Probleme mit den Augen. So alle vier bis sechs Wochen schwoll ein Auge bei mir zu, sodass ich aussah wie Quasimodo (der Glöckner von Notre-Dame). Ich war auch bei verschiedenen Augenärzten, doch die Salben, die die mir verschrieben haben, haben nichts bewirkt. Ich musste das halt eine Woche aushalten und dann verschwand es von alleine wieder. Gerade in der Woche, als ich anfing den Wecker zu benutzen, habe ich gemerkt, dass das Auge wieder zuschwellen wollte. Da bin ich irgendwie auf die Idee gekommen, dass doch Heiko für das Auge beten könnte. Die Schwellung war dann nicht sofort weg, aber am nächsten Morgen war das Auge komplett wieder okay. Jedes Mal, wenn sich dann das Auge wieder „gemeldet" hat, haben Heiko und dann später auch ich selber dafür gebetet, und es ist nie wieder zugeschwollen.

**Frage:** Wie konsequent warst du im Umgang mit dem Wecker?

**Antwort:** Ich habe das Gebet alle zehn Minuten sehr ernst genommen und wirklich auch durchgestanden. Die erste Woche war sicherlich die anstrengendste. Später habe ich mich an den Rhythmus etwas gewöhnt. Für mich war das Gebet bei der Arbeit das Auffallendste. Da habe ich gemerkt, dass ich das sonst gar nicht praktiziert habe. Da habe ich mich selber über mich gewundert.

**Frage:** Was hat dich eigentlich motiviert?

**Antwort:** Ganz ehrlich: Ich wollte den Segen Gottes, wollte geheilt werden. So wie Dr. Elsen es immer betont. Das hat mich total angesprochen, weil ich selber sehr zielgerichtet bin. Erst Monate später konnte mir der Herr sagen, dass ich seinen Segen mehr liebe als ihn und dass ich mich umorientieren sollte, was ich ja dann auch gemacht habe. Aber auch das sagt Dr. Elsen immer wieder, dass uns der Heilige Geist leiten wird.

**Frage:** Gina, erzähle doch bitte, was du noch so alles mit dem Herrn erlebt hast. (Sie holt eine kleine Stichwortliste aus ihrer Handtasche.)

**Antwort:** Ich habe hier eine ganze Liste, die ich erzählen könnte; es sind schließlich schon eineinhalb Jahre vergangen. Also, eine Sache war das mit dem „Sich-Sorgen-Machen". Es war so: Wir, also Heiko und ich, hatten kein Geld. Und dann geht auch noch meine letzte Jeans kaputt. Ich brauchte also eine neue Jeans. Als Frau weiß man, dass Jeans kaufen der reinste Horror ist. Man probiert zwanzig Hosen an und keine will passen. Man fühlt sich total fett, es kostet viel Geld und alles ist voll ätzend. Aber durch das viele Beten habe ich auch gelernt, Gott zu vertrauen. Also habe ich gesagt: „Gott, ich gebe dir jetzt meine Sorgen ab. Ich habe zwar keine Ahnung, wie das mit der Jeans gehen soll, aber ich vertraue dir und ich danke dir schon mal." Am nächsten Tag klingelt es an meiner Haustür und eine Freundin von mir steht da. Sie sagte, sie habe gerade ihren Kleiderschrank ausgemistet und diese Jeans gefunden. Sie wollte sie mir einfach so vorbeibringen, wusste aber nichts von meiner „Jeans-Not". Diese Freundin ist kleiner als ich, deshalb war ich noch verwunderter, dass die Jeans perfekt gepasst hat. Ich denke, es ist wahrscheinlicher, dass es einen Gott gibt, der eine Hose passend macht, als dass es dem Zufall zu verdanken ist.

Eine andere Sache war das an der Uni. Ich habe ja Politik studiert. Bei meinen Essays und Hausarbeiten über politische Systeme habe ich mir immer den Megastress gemacht, weil ich ein Thema finden wollte, in dem Gott vorkommt, aber es wollte mir nie so recht gelingen. Ich habe da auch echt viel Zeit liegenlassen. Als wieder einmal eine Hausarbeit anstand, habe ich mir gesagt, ich gebe die Problematik Gott ab und bitte ihn, mir ein Thema zu geben. So habe ich es dann auch gemacht.

Dann kam innerhalb von nur drei Tagen ganz einfach ein Thema auf mich zu, wo sogar Gott mit drin war. Als ich dieses Thema wissenschaftlich analysierte, merkte ich, dass in dieser Sache Gott zwingend erwähnt werden muss. Unter anderem war die Fragestellung: „Warum Christen glauben, dass Jesus für sie gestorben ist." Das war für mich schon sehr abgefahren. Zudem hatte ich dann auch noch den sicheren Eindruck, dass Gott wollte, dass ich diese Hausarbeit nicht alleine schreiben sollte, sondern zusammen mit einer Kommilitonin. Das ist aber ganz untypisch für mich, weil ich meine Hausarbeiten immer alleine schreibe. Denn dann bin ich schnell, weil ich so diszipliniert bin. Da bekomme ich immer eine eins, und daher gab es für mich keinen Grund, die Hausarbeit zusammen mit jemandem zu machen, der nicht so gut ist wie ich. Aber okay, dachte ich mir, dann muss ich halt das Opfer bringen.

Dann fragte ich diejenige Kommilitonin, bei der ich das Gefühl gehabt hatte, dass ich sie fragen soll. Ich war dann der Meinung, dass dadurch, dass ich gehorsam war, Gott unsere Zusammenarbeit segnen würde. Aber genau das Gegenteil war der Fall. Es war der reinste Horror. Es war ätzend. Sie hat ihren Teil nicht gemacht, gar nicht. Und ich hatte die doppelte Arbeit. Da habe ich gedacht, habe ich jetzt falsch gehört, oder was war da los. Im Endeffekt kam dann aber raus, dass sie kurz davor war, abzuhauen, weil sie nichts mehr hingekriegt hat.

Ihre Umstände waren aber auch echt nicht berauschend. Sie lebte mit ihrem Mann und ihrem Kind in nur einem Zimmer bei ihren Eltern. Die Heizung ging nicht und sie hatten überhaupt kein Geld. Zudem war sie schon wieder schwanger und hätte die Hausarbeit auf keinen Fall geschafft. Ich glaube, Gott wollte, dass ich ihr bei der Hausarbeit helfe. Zudem konnten wir dann gut miteinander reden und ich habe ihr erzählt, wie es überhaupt dazu kam, dass ich sie gefragt hatte, ob wir die Hausarbeit gemeinsam machen sollen. Das hat sie dann sehr angerührt.

Was mich immer gestört hat, aber in diesem Fall sogar ganz besonders, war, dass nur ein Professor die Arbeit liest. Ich habe immer gedacht: Dafür, dass es nur eine Person liest, hast du so viel gearbeitet?! Bei der gemeinsamen Hausarbeit war es dann allerdings so, dass die Professorin es so gut fand, dass wir das Essay vor dreißig Leuten vorgestellt haben. Dann haben wir das Essay noch in einen Wettbewerb eingereicht, den wir dann auch noch gewonnen haben. So haben viele Leute das Essay gelesen und dadurch von Gott gehört. Das hat mich wirklich sehr gefreut.

Der Herr hat mir auch bei meiner Masterarbeit geholfen. Ich benötigte da Interviews von großen politischen Organisationen. Aber leider wurden meine E-Mail-Anfragen entweder gar nicht oder negativ beantwortet. Mir ist das irgendwie schon klar, dass die kein Interesse haben, einem Studenten zu helfen. Ich hatte aber ein wenig Bammel, ob meine Masterarbeit auch gut werden würde, wenn ich keine hochkarätigen Interviews bekäme. Da ist mir wieder eingefallen, dass Gott nicht will, dass wir uns Sorgen machen. Da habe ich das Ganze wieder abgegeben und gesagt: „Gott, es wird gut werden. So oder so. Danke."

Drei Wochen später bekam ich eine E-Mail von meiner Uni, in der stand, dass eine Reise von Estland, wo ich ja studierte, nach Brüssel zum Nato-Hauptquartier organisiert werden würde. Zehn Studenten würden mitgenommen, denen man den Flug und die

Unterkunft bezahlen würde, um einen Tag in der Nato zu sein. Ich bewarb mich, wurde genommen und hatte so meine perfekten Interviewpartner.

**Noch eine letzte Frage:** Was ist die wichtigste Veränderung bei dir, seit du den Wecker benutzt?

**Antwort:** Ganz klar: Dass ich jetzt den Herrn hören kann. Also ich höre seine Stimme in mir, und das ist für mich mit Abstand das Wichtigste.

Vielen Dank, Gina.

# KAPITEL 12

# Ist die Idee vom Wecker eigentlich biblisch?

Nach allem, was ich gehört und selber erfahren habe, ist der Wecker eine gute Möglichkeit, um das Gebet und somit die Gemeinschaft mit Gott zu pflegen. Man nimmt ihn wann und wo man will, stellt ihn auf die Taktung, die man sich zutraut, und betet dann, so oft der Wecker sich meldet. Wenn einem nicht nach dem Wecker zumute ist, oder die Umstände dagegen sprechen, schaltet man ihn einfach aus oder lässt ihn zu Hause. Wer so und in dieser Freiheit mit dem Wecker umgeht, erfährt mit Sicherheit eine Belebung in seinem Gebetsleben ohne negative Begleiterscheinungen. Denn das Gebet ist und bleibt ein Reden mit Gott und sollte nicht zu einem Produkt unseres Ehrgeizes verkommen. Wer den Spagat schafft, ernsthaft die zehnminütige Taktung zu beachten, ohne seine Freiheit dabei zu verlieren, ist auf einem guten Weg. Dennoch braucht man eine gewisse Zeit, um sich an den Wecker zu gewöhnen. Nach meinen Recherchen mehrere Wochen. Und man muss dabei sehr! konsequent sein, sonst gewöhnt man sich nicht daran, überall und jederzeit zu beten, eben „Jesus überall mitzunehmen". Es ist tatsächlich so, dass wir uns erst von dieser Welt entwöhnen müssen, um dann in der ganzen

Freiheit leben zu können und dann die Heilungen, Wunder und das übernatürliche Eingreifen Gottes zu erleben. (Ich will hier aber nicht behaupten, dass man nur durch ein konstantes, alle zehn Minuten gesprochenes Gebet Übernatürliches erleben kann. Ich will nur sagen, dass die Erfahrung gezeigt hat, dass alle, die konsequent mit dem Wecker waren, auch Gottes Eingreifen erlebt haben.)

Also, wie schon gesagt, man dankt und preist alle zehn Minuten. Das ist schon sehr extrem. Um sich solch einer extremen Struktur unterzuordnen – mögen die Auswirkungen noch so positiv sein –, bedarf es schon einer eingehenden Prüfung. Da reicht es nicht aus, unser Tun und Handeln an Ergebnissen zu messen, um dann eine unbiblische Erfahrungstheologie daraus zu basteln. Wenn man als Christ prüft, prüft man immer anhand der Bibel, nie an irgendwelchen Ergebnissen. Und mögen sie noch so gut sein. Die Bibel ist und bleibt die Richtschnur unseres Christseins. Also, was sagt das Wort Gottes zum Wecker?

## Was sagt die Bibel zu dem Wecker?

Im Alten Testament steht eine eindeutige Bibelstelle. *„Rede zu den Söhnen Israel und sage ihnen, dass sie sich eine Quaste an den Zipfeln ihrer Oberkleider machen sollen für alle ihre künftigen Generationen und dass sie an die Quaste des Zipfels eine Schnur aus violettem Purpur setzen sollen. Und das soll euch zur Merkquaste werden, und ihr sollt sie ansehen und dabei an alle Gebote des Herrn denken und sie tun, und ihr sollt nicht eurem Herzen und euren Augen nachfolgen, deren Gelüsten ihr nachhurt, damit ihr an alle meine Gebote denkt und sie tut und heilig seid eurem Gott"* (4 Mose 15,38-40).

Manches vom Alten Bund hilft uns, den Neuen Bund besser zu verstehen. Unter dieser Prämisse schauen wir uns den Mosetext nochmals an. Die Söhne Israels sollen sich Merkquasten an ihren Kleidern machen, damit sie an die Gebote Gottes erinnert werden und sich nicht mehr so leicht von „der Welt" ablenken lassen.

Mit den Geboten aus dem Judentum haben wir nichts mehr zu tun (vgl. Gal. 4,4-7 und Röm 8,2). Aber die Unfähigkeit, im Herrn zu bleiben, ähnelt etwas der Unfähigkeit, das Gesetz zu befolgen. Im Endeffekt ist es egal, ob so eine Merkquaste an die Gebote oder ein Wecker ans Gebet erinnern soll. Der große Unterschied ist allerdings der, dass wir im Neuen Bund in einer Gnaden- und Liebesbeziehung mit unserem Herrn leben. Im Alten Bund dagegen war ja noch das Gesetz aufgerichtet. Wenn wir daher den Wecker eins zu eins wie die Merkquasten einsetzen, kann das unter Umständen schon zu einem Beziehungskiller werden.

Im Neuen Testament gibt es keine Stelle, die uns auf ein Hilfsmittel ähnlich den Gebetsquasten oder dem Wecker aufmerksam macht. Daher habe ich die von Dr. Elsen oft zitierten Bibelstellen näher betrachtet und in ein Verhältnis mit dem Wecker gestellt, um herauszufinden, ob sich die Bibelstellen mit dem Wecker „vertragen".

*Ich bin der Weinstock, ihr seid die Reben. Wer in mir bleibt und ich in ihm, der bringt viel Frucht, denn getrennt von mir könnt ihr nichts tun* (Joh 15,5).

Der Appell ist: in Jesus zu bleiben. Da leistet der Wecker gute Dienste, denn durch das regelmäßige Gebet bleibe ich in Jesus.

Wenn man allerdings die Aufforderung dieser Bibelstelle missversteht, könnte man meinen, selbst Frucht bringen zu müssen. Aber darum geht es ja gar nicht. Die Frucht kommt von alleine, wenn die Reben mit dem Weinstock verbunden sind. Jetzt muss man nur noch die Frage klären, wie man denn „in Jesus bleiben kann". Die obige Bibelstelle ist da sehr erklärend. Indem man von Jesus her lebt, sich von Jesus ernährt. So wie die Rebe vom Weinstock lebt, lebt man als Christ von Jesus.

Der Wecker kann da gleichermaßen helfen wie schaden. Wenn man vom Herrn „her lebt", richtet sich alles auf ihn aus. Dann befinden sich unsere Karriere, Versorgung, Ziele usw. in selbstgewählter Abhängigkeit bei Jesus. Der Wecker kann uns helfen, beim Herrn zu bleiben und in ihm zu wachsen. Wenn uns der Wecker aber stresst, oder wir im Gebet gar nicht Jesus suchen, kann es passieren, dass wir in eine gewisse Anstrengung verfallen und das Gebet zu einer puren Alibihandlung verkommt. Dann leben wir nicht mehr vom Herrn her, sondern von unserer eigenen Kraft und Rechtschaffenheit. Und das wäre letzten Endes ein Affront gegen das Kreuz.

Eine weitere Bibelstelle ist: *„Freut euch allezeit! Betet unablässig! Sagt in allem Dank! Denn dies ist der Wille Gottes in Christus Jesus für euch"* (1 Thess 5,16-18).

Hier treten zunächst die Begriffe „unablässig", „in allem" und „allezeit" in den Vordergrund. Und die machen uns Angst. Weil wir instinktiv wissen, dass wir das nicht schaffen. Und über diese Angst verlieren wir den eigentlichen Inhalt dieser Botschaft aus den Augen. Wir sollen uns nämlich permanent freuen, für alles danken und mit unserem Herrn im Gebet eine gute Zeit haben. Unser Herr will tatsächlich, dass es uns gut geht – allezeit, in allem und unablässig – und dass wir uns dessen bewusst werden, es aussprechen. Anders, als dass der Herr alles tut, damit es uns gut geht, kann man diese Bibeltexte nicht deuten (vgl. auch Joh 10,10 und Mt 6,25 f.).

Viele Christen haben noch immer die Auffassung, man müsse für Gott etwas leisten. Das ist so nicht ganz richtig. Aber in dem Sinn, dass wir ihm etwas zurückgeben, ist es mit Sicherheit nicht ganz falsch, und wenn es aus einem aufrichtigen, liebenden Herz kommt, dann ist es auch richtig und gut (vgl. Mt 25,40). Wenn jetzt aber der Wecker ins Spiel kommt und nur ein klein wenig falsch verstanden, ein klein wenig falsch angewendet wird, dann kann es gut sein, dass unser Gebet falsch motiviert ist. Nämlich dass wir dadurch, dass wir regelmäßig beten unsere Rechtschaffenheit in den Vordergrund stellen, anstatt in der Gnade zu bleiben. Und das hat dann ja mit dem, dass wir uns freuen und ihm danken sollen, nun gar nichts mehr zu tun.

Die Frage stellt sich daher: Gibt es Bibelstellen, die Techniken oder Tipps beinhalten, damit wir uns leichter tun beim „Allezeit-Beten." Also Ähnliches für uns tun wie der Wecker.

## Gibt es Bibelstellen, die uns bei unserem Gebetsleben unterstützen?

In Epheser 5,18b-19 finden wir bei genauerem Hinsehen so eine Hilfe.

*... werdet voller Geist, indem ihr zueinander in Psalmen und Lobliedern und geistlichen Liedern redet und dem Herrn mit euren Herzen singt und spielt!*

Hier ist schon die erste Hilfestellung. Wenn wir uns Loblieder zureden, werden wir automatisch an den Herrn erinnert. Das hilft uns sicherlich, um im Herrn zu bleiben.

Erstaunlicherweise steht hier „redet". Normalerweise redet man nicht, sondern singt Loblieder. Es steht hier aber „redet", wobei nicht unser landläufiges Reden gemeint ist, wie man aus dem Originaltext entnehmen kann. Hier steht nämlich für das Wort „reden" das altgriechische Wort *laleo,* das wie folgt übersetzt wird:

laleo = reden, Worte aussprechen, reden können. Dabei liegt die Betonung nicht auf dem Inhalt der Worte, sondern lediglich auf dem Vorgang des Redens. In der Wendung *laleo glossais* bezieht es sich auf die Zungen- bzw. Sprachenrede.[1]

Da sollen wir also Psalmen und Loblieder mehr oder weniger konzentriert – die Betonung liegt ja nicht auf dem Inhalt – vor uns hin und uns gegenseitig zusprechen und werden dann voll Geistes. Irgendwie komisch, aber irgendwie auch nicht. Eher fremd. Das Sprachengebet, also *laleo glossais,* ist uns da viel geläufiger, obwohl wir dabei gar nicht wissen, was wir sagen. Aber wir wissen aus Erfahrung, dass wir, wenn wir in Sprachen beten, tatsächlich voll Geistes werden. Und wenn wir voll Geistes sind, dann sind wir auch im Herrn.

Auffallend ist, dass sowohl bei *laleo* als auch bei *laleo glossais* eine große Gelassenheit erkennbar wird. Denn wenn man sich Loblieder halb verständlich zuspricht oder in Sprachen redet,

---

[1] Elberfelder Studienbibel 2005, S. 2169.

wendet man sich automatisch von den verdrießlichen Dingen dieser Welt ab und Gott zu.

*„... und dem Herrn mit euren Herzen singt und spielt!"*, heißt es weiter. Mit dem Herzen singen und spielen ist leichter gesagt als getan. Zuerst muss in unseren Herzen die Möglichkeit geschaffen werden, zu singen und zu spielen. Denn wo Ängste und Sorgen usw. sind, lässt sich's schlecht singen und spielen. Also weg mit allem, was unserem Herzen schadet! (Ängste und Sorgen haben im Reich Gottes ohnehin nichts zu suchen; vgl. 1 Petr 5,7 und Joh 16,33). Wenn unser Herz gereinigt ist (mir ist klar, dass das nicht so mir nichts, dir nichts geht), dann sind wir auch in der Lage, dem Herrn mit unseren Herzen zu singen und zu spielen. Dann sind wir in der Lage, im Herrn zu bleiben. Es fühlt sich dann an wie bei einem Ohrwurm. Nur dass der im Herzen ist.

## Fazit

Will man in Bezug auf die oben erwähnten Bibelstellen und die Praxis mit dem Wecker ein Resümee ziehen, kommt man schnell zu dem Ergebnis, dass man den Maßstäben dieser Welt nicht zu viel Bedeutung schenken sollte. (Damit ist natürlich nicht gemeint, dass wir „über die Stränge schlagen" sollen.) Denn nach unserer Taufe sind wir eine neue Kreatur und Gottes Hausgenossen. Wir sind mit Christus gekreuzigt, also werden wir auch immer mit ihm leben (vgl. Röm 6).

Natürlich sollen wir die Zeit nutzen, um, allgemein gesagt, an Gottes Reich mitzubauen. Aber wir sollen dabei viel auf den Herrn und wenig auf uns selber schauen (vgl. Lk 9,24). Die Bibel mahnt uns zu einer sorglosen, ja fast schon „leichtfertigen" Lebensweise, indem uns Gott durch sein Wort versichert, dass er für uns sorgt, wenn wir bereit sind, uns nicht zu sorgen (vgl. Mt 6,31-32).

Der Wecker darf uns daher losreißen von dem, was uns geistlich schadet, von dem, was uns gefangen nehmen will, was uns, weltlich gesehen, so wichtig erscheint und doch nichts ist. Der Wecker darf uns herausreißen aus unseren Grübeleien. Er darf uns hintragen zu der Sorglosigkeit, die wir in Christus haben, daran erinnern, wer wir in Christus sind, und dass durchs Kreuz alles vollbracht ist. Die Leichtigkeit, die uns durch das Evangelium gegeben ist, darf aber nicht durch einen falschen oder ehrgeizigen Umgang mit dem Wecker verloren gehen. Das ist vielleicht die größte Gefahr. Man will sein Christsein so leben, dass es Gott gefällt. Dabei stoßen wir in aller Regel gewaltig an unsere Grenzen. Da darf es einen dann nicht wundern, wenn der Wecker als mahnendes Instrument falsch eingesetzt wird.

Neutestamentlich, oder besser gesagt vom Neuen Bund aus betrachtet, hat der Wecker eigentlich keine Berechtigung. Es gibt keine Bibelstelle, die auch nur erahnen lässt, dass der Herr will, dass wir zu Hilfsmitteln greifen. Es gibt eben keine Aufforderung zu den Gebetsquasten, die noch zur Zeit Christi gebräuchlich waren. Jesus hat sich keine Gebetsquasten gemacht und es auch nicht von seinen Jüngern verlangt.

In unserem Gebetsleben stellt sich in aller Regel eine gewisse Gewohnheit ein. Diese Gewohnheit nennen manche Stille Zeit. Andere haben keinen Namen dafür, wissen aber, dass sie zu festgesetzten Zeiten mehr beten und die Gemeinschaft mit dem Herrn suchen. Das ist in Ordnung. Unser Herr hatte auch seine Gewohnheiten. Über Jesus steht in Lukas 22,39-40, dass er der Gewohnheit nach zum Ölberg ging, um zu beten. Was für Gewohnheiten jeder Christ bei seiner Stillen Zeit pflegt, bleibt jedem selber überlassen. Jeder darf selbst entscheiden, wann und wo er mit Jesus eine gute Zeit haben will. Diese Gebetszeiten dürfen keinem, wenn auch noch so gut gemeinten Diktat unterliegen. Sie entspringen allein aus dem Verlangen, Jesus nahe zu sein. Natürlich beten wir bzw. sprechen wir mit unserem Herrn den ganzen Tag über. Die intensivere Zeit mit unserem geliebten Gott braucht aber Ruhe und in gewissem Sinne auch Abgeschiedenheit.

So gesehen hat der Wecker in der Liebesbeziehung mit Jesus nichts zu suchen. Denn, wo werden zwei Verliebte einen Erinnerungswecker benötigen, um an den jeweils anderen zu denken?!

## Ein bisschen wie in einer Ehe

Verliebte brauchen keinen „Erinnerungswecker". Leider sieht das in der Praxis oft anders aus. Der Alltag übertönt häufig den leisen Ton der Verbundenheit zu seiner/seinem Geliebten. Stress und Alltag tun ihr Übriges dazu. Und ehe man sich's versieht, ist es Abend geworden und man hat den ganzen Tag nicht an seinen Partner gedacht. Wenn dann der Abend auch nicht für die Beziehung genutzt wird oder genutzt werden kann, ist es schon möglich, dass man sich auseinanderlebt. Da täte es mancher Beziehung ganz gut, man würde sich öfters aneinander erinnern (lassen). Die Erinnerung an seinen Partner ist aber nur die halbe Miete. Eigentlich holt man sich dadurch nur zurück, was einem Stress und Alltag „geklaut" haben. Wenn man dann an seinen Partner erinnert wird, kann man sich wieder aufeinander zu bewegen und die Beziehung pflegen.

Ganz ähnlich verhält es sich im Geistlichen, in unserem Liebesleben mit Jesus. In Offenbarung 2,4 lesen wir: *„Aber ich habe gegen dich, dass du deine erste Liebe verlassen hast."* Wenn das auf uns zutrifft, ist es wohl ganz sinnvoll, dass man sich, ähnlich wie oben beschrieben, an den Herrn erinnern lässt. Dafür ist der Wecker ja geradezu prädestiniert. Der Alarm erinnert uns an Jesus und wir können uns wieder um die Beziehung zu ihm kümmern. So lange, bis die Beziehung zum Herrn wieder stimmt, die erste Liebe wieder da ist. Nur so lange, bis wir gelernt haben, dass wir in dieser Welt, aber nicht von dieser Welt sind (vgl. Joh 15,19). Grundsätzlich müssen wir verstehen, dass es nicht darum geht, möglichst viel zu beten, sondern allein darum, als neue Kreatur mit unserem Herrn bis in alle Ewigkeit enge Gemeinschaft zu haben.

# Weitere Produkte von GloryWorld-Medien

### Bill Johnson / Randy Clark, Berufen zu heilen I

*Grundlagen und Praxis des Gebets für Kranke,* 240 S., Pb.

Jeder Christ kann von Gott gebraucht werden, um anderen Heilung zukommen zu lassen. Das ist das Anliegen der beiden Autoren. Dazu berichten Sie, wie Gott sie in den Heilungsdienst hineinführte, und legen anschließend klare biblische Grundlagen für das Heilungsgebet. Im umfangreichsten Teil gehen sie auf verschiedene Aspekte ein, die für eine Heilung förderlich sind, erläutern, wie seelische und körperliche Krankheiten zusammenhängen und stellen dann ein in der Praxis bewährtes Modell für das Gebet um Heilung vor, das für alle Christen leicht anwendbar ist.

### Bill Johnson / Randy Clark, Berufen zu heilen II

*Die Autoren im Gespräch über ihre Erfahrungen und Erkenntnisse aus der Praxis,* 180 S., Pb.

Dieses inspirierende, informative, einzigartige und sehr ehrliche Buch enthält viele Geschichten, praktische Erfahrungen und Erkenntnisse, über die die Autoren bisher noch nicht gesprochen oder gelehrt haben. Dazu haben sich die Autoren gegenseitig interviewt. Themen sind u. a.:

Warum und wie sie in den Heilungsdienst geführt wurden | Ihre Erfolge und Misserfolge | Die Durchbruchserlebnisse, die sie vorangebracht haben | Die erstaunlichsten Wunder, die sie erlebt haben | Die wichtigsten Erfahrungen und Erkenntnisse | Bewährte Tipps für einen effektiveren Dienst.

### Gary Oates, Öffne mir die Augen, Herr

*Wie wir mit Gott und seinen Engeln zusammenarbeiten können*

120 Seiten; Paperback

Das Leben des heutigen „Normalchristen" ist nur wenig vom Übernatürlichen geprägt. Bei Gary Oates war das nicht anders, bis er durch einen großen geistlichen Hunger einige einschneidende Erlebnisse mit Gott hatte. Er wurde auf dramatische Weise im Geist in die Gegenwart Gottes versetzt und es wurden ihm die Augen für den Dienst der Engel geöffnet.

Dieses Buch geht nicht nur auf diese Erlebnisse ein, sondern ist eine praktische Anleitung dafür, wie wir in eine solche Vertrautheit mit Gott hineinfinden können, dass auch unsere geistlichen Sinne für diese himmlischen Dimensionen geöffnet werden.

### Chris Gore, In Gottes Heilungskraft leben

*Wenn Zeichen und Wunder ganz natürlich von uns ausgehen*
160 S.; Paperback

In Gottes Heilungskraft zu leben und zu wirken, ist einfacher als wir denken. Chris Gore, der Leiter der Heilungsdienste der Bethel Church, zeigt auf, wie jeder Christ effektiv für einen Lebensstil der Heilungen und Wunder zugerüstet und aktiviert werden kann. Wirklich den Charakter Gottes zu kennen, Hindernisse für einen solchen Lebensstil zu überwinden und lernen, darauf zu vertrauen, dass Gott das Übernatürliche tut, sind nur einige der Themen, die angesprochen werden.

### Beni Johnson, Der glückliche Fürbitter

*Mit Gott die Welt bewegen, ohne die Freude zu verlieren*
Vorwort von Bill Johnson; 180 S., Paperback

Beni Johnson (die Frau von Bill Johnson) nimmt uns mit auf ihre Reise von einer schüchternen Person zu einer kühnen, aber glücklichen Fürbitterin. Gott offenbarte ihr einen Weg, wie sie aus seiner Gegenwart und seiner Liebe heraus in Einklang mit seinem Herzen effektiv beten kann.

Dieser Weg steht jedem Menschen offen. Fürbitte muss nicht dazu führen, dass uns die Anliegen und Probleme, für die wir eine Last haben, unter Druck bringen oder emotional beeinträchtigen. Den Himmel auf die Erde zu holen, kann sogar regelrecht Spaß machen. Unmögliches wird plötzlich möglich – ob es dabei um „kleine" Dinge in unserem persönlichen Umfeld geht oder um die Veränderung des geistlichen Klimas über unseren Städten und Nationen.

### Chris Overstreet, Übernatürlich evangelisieren

*Ein Handbuch für die Praxis;* 160 S., Paperback;
Vorwort von Bill Johnson

*Übernatürlich evangelisieren* hat das Potenzial, in uns das Feuer der Liebe Gottes zu entzünden, um Menschen, die Gott nicht kennen, mit seinem Herzen und seiner Kraft in Berührung zu bringen. Wir lernen uns ganz praktisch in das einzuklinken, was Gott mit den Menschen vorhat, denen wir im Alltag begegnen – wie es auch Jesus getan hat.

Zu den behandelten Themen gehören: Eine Reich-Gottes-Mentalität pflegen | Grundwerte des Evangelisierens | Wie wir Menschen zum Herrn führen können | In der Öffentlichkeit für Kranke beten | Prophetisches Evangelisieren | Angst und Ablehnung überwinden. Jedes Kapitel schließt mit einem Anwendungsteil, um das Gelernte zu reflektieren, in der Gruppe zu besprechen und im Alltag anzuwenden.

### Wayne Jacobsen, Geliebt!

*Tag für Tag in der Zuneigung des himmlischen Vaters leben*
240 S., Paperback

Jeden Tag ein Leben zu führen, in dem wir völlig sicher sind, dass wir bedingungslos von Gott geliebt sind – ist das wirklich möglich, und wie sieht das konkret aus?

Wayne Jacobsen bringt uns Schritt für Schritt nahe, wie tief die Liebe Gottes zu uns tatsächlich ist. Wir entdecken dabei, dass wir nicht zu Sklaven, sondern zu Söhnen und Töchtern berufen sind. Die liebevolle Zuneigung unseres Vaters im Himmel gilt uns in allen Umständen. Wir erfahren eine lebendige Beziehung zu ihm, die uns von der Qual der Scham befreit und uns so verändert, dass wir als seine Kinder leben können.

### Barry & Lori Byrne, Liebe in der Ehe

*Eine tiefere geistliche, emotionale und körperliche Einheit erleben;* Vorwort von Bill Johnson; 334 S., Klappenbroschur

Gott möchte, dass die Ehe ein Ort echter Liebe und Vertrautheit ist. Dafür brauchen wir die Hilfe des Heiligen Geistes. Mit ihm können wir die Ursachen unserer Konflikte erkennen und überwinden. Unsere Ehe kann Heilung und Wiederherstellung erfahren, egal, wie der momentane Zustand ist.

Mit klarer biblischer Lehre und vielen praktischen Hilfen packen die Autoren die wichtigsten heißen Eisen an. Viele ermutigende Erfahrungsberichte verdeutlichen die dramatische Heilung und Intimität, die mit Gottes Hilfe möglich ist.

### Judy Franklin / Beni Johnson, Den Himmel erleben

*Wie wir in Gottes Dimension eintreten können*
Vorwort von Bill Johnson; 200 S., Pb.

Judy Franklin, die Sekretärin von Bill Johnson, versteht es meisterhaft, die christliche Gemeinde zu ihrem ursprünglichen Auftrag, im Geist zu leben, zurückzuführen. Ihr Buch liest sich wie eine Schatzkarte, die einen vom Chaos dieser Welt zu übernatürlichen Erfahrungen führt.

Aufgrund ihrer Kindheitserlebnisse hatte Judy Franklin lange Zeit gedacht, sie sei dumm und könne nicht geliebt werden. In diesem Buch berichtet sie, wie Gott sie in die himmlische Welt sehen ließ und ihr persönlich begegnete, sodass sie diese Erfahrungen überwinden konnte.

Die praktischen Tipps und Anleitungen helfen Ihnen, den Vater sehr persönlich kennenzulernen. Die Autorin berichtet, wie sie Hindernisse zu dieser Erfahrung überwand, und bezeugt dadurch Gottes Kraft zu heilen und seine liebevolle Freundlichkeit und Güte gegenüber allen, die sich danach sehnen, ihn zu kennen und eine tiefere Vertrautheit mit Christus zu erleben.

### Michele Perry, Liebe hat ein Gesicht

*Abenteuer mit Jesus im Krisengebiet des Sudan – auf einem Bein!;* Vorwort von Heidi Baker; 220 S., Paperback

Ohne linke Hüfte und linkes Bein geboren, ist es für Michele Perry „normal", das Unmögliche zu erleben. Als Gott ihr den Auftrag gab, in den vom Krieg verwüsteten südlichen Sudan zu gehen und dort ein Waisenhaus zu eröffnen, hielten sie alle für verrückt. Aber sie erlebte Gottes Treue wie nie zuvor: Er führte sie in einen entspannten Lebensstil des Geliebtseins hinein, in dem alles möglich wird und Wunder zum Alltag gehören, ob es um seelische oder körperliche Krankheiten, mangelnde Ressourcen, Bedrohungen durch Kriminelle oder ihre eigenen Unzulänglichkeiten geht.

### Elaine C. Bonn, Heilung ist das Brot der Kinder

*Gottes Gabe der Heilung empfangen und weitergeben*
210 Seiten, Paperback

Elaine Bonns Anliegen ist es, uns ein gesundes Fundament zum Thema Heilung an die Hand zu geben und uns zu helfen, die Theorie als Einzelne und im Team in die Praxis umzusetzen. Seit über 25 Jahren stehen sie und ihr Mann im Heilungsdienst. 1999 gründeten sie die Heilungsräume von Minnesota. Dieses Buch ist eine Zusammenfassung ihrer Erkenntnisse und praktischen Erfahrung, eine Art Handbuch zum Thema Heilung empfangen und weitergeben.

### Cal Pierce, Eine Vision für Heilungsräume

*Wenn Heilung durch Gebet so normal wird wie ein Arztbesuch*
120 S.; Paperback

Welche Antworten hat die christliche Gemeinde auf die zunehmenden „unheilbaren" Krankheiten? 80 Jahre, nachdem John G. Lake damit begonnen hatte, in Spokane sogenannte Heilungsräume („healing rooms") einzurichten, wurde Cal Pierce von Gott geführt, diese Räume wiederzueröffnen. Viele Tausende haben dort inzwischen eine heilende Begegnung mit Gott erlebt. Er erzählt die packende Geschichte, wie es dazu kam, und vermittelt gleichzeitig die Vision für solche Heilungsräume weltweit.

Bestellen Sie im Buchhandel oder direkt beim Verlag:

GloryWorld-Medien | Postfach 4170 | D-76625 Bruchsal
Fon: 07257-903396 (ab 15.02.15: 02801-9874200) | info@gloryworld.de

Aktuelles, Leseproben, Downloads & Shop: **www.gloryworld.de**